成功由我

女性领导力的修炼

康志清 著

SUCCESS UP TO ME

The cultivation of women Leadership

本书旨在鼓励女性成为兼具"阳刚"与"阴柔"之力的魅力领导者。本书分四章，分别从"去掉自我设限，活出自己""认识自己，管理自己""自如领导力的四项修炼"以及"温暖慈悲，内心坚定"等方面，阐述女性领导力的修炼。

本书无意教导女性如何像男性一样行事，如何遵循男性的主张与规矩，恰恰相反，作者始终都呼吁女性群体从言行到思想应彻底独立起来，鼓励广大女性培养更强大的女性领导力，以确保自己有效发声的权益。

图书在版编目（CIP）数据

成功由我：女性领导力的修炼 / 康志清著．— 北京：机械工业出版社，2022.10
ISBN 978-7-111-71825-3

Ⅰ. ①成… Ⅱ. ①康… Ⅲ. ①女性-领导学 Ⅳ. ①C933

中国版本图书馆CIP数据核字（2022）第193948号

机械工业出版社（北京市百万庄大街22号 邮政编码100037）
策划编辑：刘怡丹　　　　　责任编辑：刘怡丹
责任校对：史静怡　李　婷　责任印制：李　昂
北京联兴盛业印刷股份有限公司印刷

2023年1月第1版第1次印刷
145mm×210mm・7.25印张・3插页・103千字
标准书号：ISBN 978-7-111-71825-3
定价：69.00元

电话服务　　　　　　　　　网络服务
客服电话：010-88361066　　机　工　官　网：www.cmpbook.com
　　　　　010-88379833　　机　工　官　博：weibo.com/cmp1952
　　　　　010-68326294　　金　书　网：www.golden-book.com
封底无防伪标均为盗版　　　机工教育服务网：www.cmpedu.com

对本书的赞誉

"成功由我"是一种底气,也是一种敢于规划人生的勇气和谋略。作者康志清在职场的经历就是"我的职场我做主"的职场规划范例。20多年间,我亲眼所见了她的持续学习、不畏跨界和饱含激情地做事与精进。她善于思考总结,乐于交流分享,一直是我学习的榜样。她退休后还继续为企业做管理顾问和高管的领导力教练,并再次充满激情地投入到帮助更多期待成长的青年人的工作中,更是令人尊敬。从这本书里,可以读到她,读到你我,读到未来的我们。

——张象麟　亦弘商学院名誉院长,国家药品监督管理局药品审评中心原主任

与本书作者康志清的交集总是充满了钦佩与成长的收获。她是引领我从团队负责人到组织领导者的启蒙老师和职场榜样。她将自己打造成一位勤于学习、不懈突破的优雅女性领导者,感染并影响着每一位随行伙伴。接受康志清的邀请,我有幸先阅读了这本新书,欣喜地发现她作为我和我领导团队的高管教练,正在陪伴我们循着书中所述尝试各种不设限的拓展,让我们惊喜地看见并激发自己的潜能。感恩有这般缘分的同时,我也由衷赞叹这是一部堪称教科书和工具书的用心笔耕,并期待更多的职场女性和我一样饱览书中的黄金屋,享受将自己蜕变成职场颜如玉的曼妙旅途。

——陈朝华　辉瑞公司中国研发中心总经理

成功由我
女性领导力的修炼

  同为中欧国际工商学院的校友,我虽与康志清相识时间不长,却因很多相似的经历和感悟与她产生了大量的共鸣。VUCA 时代的企业注定需要更加频繁地变革与链接,因而女性领导者的特质和优势无疑会更加凸显。在本书如春风拂面般的文字中蕴含了坚定的力量,让广大女性从打造心力出发,突破自我设限,以终为始,构建多维的思维框架,积极拥抱属于自己的星辰大海!

——李 艳 谦询(科技)咨询有限公司管理合伙人、
摩托罗拉移动全球原副总裁、中国区总经理

  "温柔而充满力量",这是康志清给我留下的印象。我与她初遇是在一个外企商业女性领导力的颁奖典礼上。那时的她刚从负责药物研发的领导者跨界成为商界领导者。她能潇洒地放下往日辉煌追求新的成长,那种勇气令我由衷地佩服。在与她的谈话间,她的爽捷与明快也让我们一见如故。

  在《成功由我:女性领导力的修炼》一书中,康志清以独特的女性视角把多年来对领导力的学习、观察和实战体会谆谆分享给读者,理论深入浅出,诚意真真切切。作为同道和朋友,我对书中许多见解都深有共鸣。在此特地将此书推荐给广大女性朋友:祝你们借康志清的思想之光,乐享自我、快意人生!

——王 晶 高管教练,TCB 中国人力资源委员会项目总监,
壳牌大中华集团人力资源原副总裁

推荐序

1949年,新中国开启了中国女性的新时代。"妇女能顶半边天"在中国得到了充分体现,女性在各行各业发挥着越来越重要的作用。著名诗人舒婷1977年创作了一首当代诗歌《致橡树》,全诗通过整体象征的艺术手法,热情而坦诚地表达了中国女性的独立思想和心声。

《成功由我:女性领导力的修炼》一书的作者康志清女士是一位优秀的女性领导者,她从一名医生转型从事药物研发;从一名药物研发负责人再转型成为一名商业负责人;从一名职场"新兵"到副总裁、总经理、CEO。在职场中,康志清女士一直在不断地突破自我,也因此获得了丰富的人生阅历和职场经历,沉淀了具有实践性的女性管理经验。在《成功由我:女性领导力的修炼》这本书里,康志清女士以女性高层领导者的视角讲述了女性在职场遇到的挑战和自身的某些短板,揭示了女性的职场思维及行为特点,提出了提升女性领导力的独到见解和修炼方法,具有很强的实战性和指导性。

这本书以全景视角来看待女性的成长和成功，不但阐述了女性在成长中遇到阻力和困境的现象，还透过现象看本质，找到女性成功的底层逻辑——不自我设限。女性解放的关键是自己的解放，人生不设限，成功由我！

真正限制女性发展的其实是女性自己的思维方式和认知。"打破限制性认知的牢笼，让自己的人生不设限"是女性成功的关键。若要打破环境和文化对女性的约束，女性要先从打破自己的固有认知开始。如书中所说，了解自己的思维是固定型思维还是成长型思维，了解自己的性格情绪模式和能力水平等，获得精准的"自我认知"是每一位女性走上职业成功之路的第一步，知己知彼，百战百胜。相信这一点对每一位向往职业成功的女性都有借鉴意义。

在竞争激烈的市场环境中，女性想要在职场获得成功，往往要付出比男性更多的努力。这样的现状让有的女性对高层领导者职位心生畏惧，止步于中层领导者岗位，从而让自身巨大的潜力被埋没。女性领导者如何提升自己的实力，使之与更高职位匹配？作者在书中为女性领导者提供了创新的领导力修炼方法，创建了"女性领导力三角模型"来帮助女性提升认知力、领导力和心力，建立稳固的"成功三角"。当女性在修炼这三种能力时，也是在修炼人生的三种境界——见自己、见天地、见众生。

《成功由我：女性领导力的修炼》将传统的提升领导力的单维成长模式升级为提升认知力、领导力和心力的三维融合成长模式，为新时代的女性领导者提供了事半功倍的领导力修炼方法，能够帮助女性提升核心竞争力，成为一名优秀的领导者。

在不确定时代，要带领组织或团队持续获得成功，女性领导者既要有顺势而为的柔性能力，也要有更大的格局和坚韧顽强、勇敢果断的品质。女性领导者要拥有这些品质，就要持续修炼自己的心力。唯有目标清晰且持之以恒地修炼心力，女性领导者的成长才能跟得上职位的升迁，才会拥有足够的内心力量去迎接环境中的各种挑战，最终成为刚柔并济的女性领导者。

"成功由我"，是一种敢于规划人生的勇气，更是对自己可持续成长的自信。康志清女士在职场30余年，退休后还能继续为企业高管做管理导师和领导力教练，这源于她持续地学习、不断跨界升级能力和勇当先锋的特质。书中所见她的成功或失误，坦诚真实，读她的分享，如同遇到了职场上的一位同行者和引领者。

在康志清女士20余年高层领导者的任期中，她曾任职于多个国家的知名企业，拥有丰富的实战经验和独到的领导理念，这些均在本书中有所呈现。她设计的"组织发展战略图"，将《孙子兵法》中的制胜之道与西方现代管理理论进行了有机结合，成功指导了众多领导者为自己的组织制定发展战略。她发明的精简版"高效辅导员工五步法"，改变了传统的"师徒模式"的员工辅导制度，能大大激发员工潜能，不但适用于"90后""00后"的新生代员工，也适用于已有丰富经验的领导者。书中作者这些宝贵的经验和领导方法，不仅能让正在成长中的女性从中获益，也为中国商业和企业管理增添了新的色彩。

最后，我希望更多的中国女性在人生不设限、成功由我的奋斗中，与祖国共成长，在实现个人价值的同时，向全世界展示中国女性的风采！

李　玲

北京大学国家发展研究院经济学教授

序言
成功由我，人生不设限

科技的发展、教育水平的提升和时代的进步，让基于男女体力、技能差异的就业和创业门槛大大降低，从产品到企业管理由纯理性、功能性方面的追求转向对"感性力"的倾斜，以及快速、多变、模糊、不确定的时代对直觉、连接、包容能力的要求，都在助力女性的超越和发展。特别是在互联网时代，随着自媒体网红、带货主播等一批互联网创业大V的崛起，我们看到越来越多的女性即使全职做家庭主妇，也可以通过饮食、照顾孩子等生活短视频，实现个人事业上的成功。

女性既是新经济时代的参与者，也是推动者。据国务院发布的2021年《中国性别平等与妇女发展状况》白皮书显示，中国女性创业者进入爆发期。2021年新品牌女性创业者占比已经达到40%。对于女性来说，这是一个最好的时代。一则随着服务业主导的经济增长，更懂消费者需求和体验的女性表现出了强大的职业竞争力；二则数字化时代的到来，催生了去体制化、去中心化的工作空间，给女性带来了更自由的工作方式和更高的收入。女性在不同领域取得的成就，也在用行动印证着这个时代的变革，推动着时代的发展。

管理大师彼得·德鲁克说："时代的转变，正好符合女性的特质。"这一切都在告诉我们：女性领导力时代已经到来。

这里我分享女性在这个时代的发展与成长，强调"女性领导力"，并不是在鼓励女性站到男性的对立面，而是分享时代变迁对管理变革的要求。单一的"刚性领导力"已经不再适用于企业，在新商业时代，企业更需要领导者"刚柔并济"。当我们谈论"女性领导力"时，本质是呼唤管理变革。在不确定时代，女性与生俱来的爱与关怀能带给人沉静与笃定。

30多年以来，我有幸与许多优秀的女性共事，见证了她们在各自领域的精彩绽放，也陪伴过很多优秀女性的成长，她们努力勤奋、才华横溢。同时，我也看到很多女性

序 言
成功由我，人生不设限

在职业或事业上的艰辛与困惑，她们会纠结，会害怕，这些经历让我开始思考三个问题。

问题一：对于女性来说，什么是成功？

对于这个问题，相信大多数女性都思考过、困惑过，但却找不到成功的定义——是家庭幸福美满，还是在工作中获得晋升、成为领导者？抑或是家庭幸福同时职业晋升才能称得上成功？

我的人生走到今天，如果问我做得最成功的一件事是什么，那就是我一直能做真实的自己，一直做着自己喜欢的事。从做一名医生到药物研究人员；从药物研发负责人到商业负责人；从一名职场"新兵"到副总裁、总经理、CEO，直到此时此刻，退休的我正在为女性写这本书，每一件事、每一份工作都是我内心想做的。所以我认为，人生不设限，成功由我，这就是女性的成功。

要明白成功的定义，我们需要弄清对自己来说什么才是自己想要的、喜欢做的事。也许是升职加薪，也许是创业成功，也许是在企业获得更多的话语权，也许是成功完成某一个项目，也许是结婚生子、做一个全职太太……这些想法都非常棒,因为"成功"应该由我们自己来定义,它只属于我们自己。

虽然我写这本书的初心是想帮助和鼓励女性追求在职场或个人事业上的成功,但我并不认为成功只有一种定义。不是所有的女性都想追求事业成功,不是所有的女性都想要结婚生子,也不是所有的女性要从这两者之间做出选择。

成功不必事业有成、家庭圆满,这是社会给予我们的定义,只要我们活出了自己想要的样子,这就是成功。

问题二:是什么阻碍了女性的成功?

尽管我们不愿提及,但社会给予女性的刻板性别印象以及性别限制确实存在。于是,我们总能在身边看到诸多对此满腹抱怨甚至义愤填膺的人。然而,喋喋不休的人往往却是最不愿做出改变的人,那些不公平的遭遇在她们的控诉下的确引人恻隐,却也仅此而已。她们在原地愤懑中主动放弃了破茧成蝶的机会,就这样在密不透风的自我束缚中一动不动。

造成这些的原因是多方面的——

序 言
成功由我，人生不设限

我们可能向社会低头。不得不承认，如此现况有相当一部分原因来自社会的性别刻板印象。社会对男性和女性在行为方式及期望上有不同的要求，小到服饰、言谈举止、兴趣爱好、性格特征，大到家庭分工、社会分工，这会形成一套男女性别有意无意遵守的刻板性别模式。正如明末时期的吕坤在《闺范》中所揭示的那样，"今人养女多不教读书认字，盖亦防微杜渐之意"。中国古代女性的教育大多是"贤妻良母""相夫教子"，我们小时候，大多数接受的教育是"女孩应该干什么""女孩不应该干什么"，我们被教育要温顺、懂事。这是社会沿袭旧时代对女性的固有认知和定位所致。打破旧的认知需要成千上万的女性共同努力，才能推动这一进程，让女性能真正自由地生活在一个不会被标签化的社会环境中。

我们可能为家庭牺牲。许多女性在结婚生子之后，便顺理成章地将人生的重心放在家庭上。旁人总会赞叹这是充满爱意的自我牺牲，可我们做出这种选择的时候，是否真正思考过这场牺牲的初衷呢？我们确实应该尊敬女性发自内心做出的选择，但是每一个牺牲自己职业生涯的女性真的都是快乐的吗？如果我们的成功就是获得家庭幸福，那么我们可能是快乐的。但如果不是呢？

成功由我
女性领导力的修炼

我们可能向成功投降。在职场中，女性想要获得职业上的成功是一件困难重重的事，虽然男性想要获得职业上的成功也不容易，但当女性有晋升或创业的想法时，就会被人说"野心大"，而男人有这样的想法时，就是一件很正常的事。所以，在迈向职业成功的道路上，心力不足的女性会停下脚步，向成功投降，甘愿做绿叶。

以上这些阻碍女性成功的原因，最大的根源在于女性内心的恐惧。在我做高管教练期间，但凡有女性领导者到我这里接受辅导，我都会问她们一些问题，其中一个就是"是什么让你觉得自己坚持不下去了"。大多数女性领导者的回答是，因为害怕——害怕不被人喜欢，害怕自己做不好，害怕失败，害怕成为别人口中糟糕的妈妈、妻子、女儿，害怕客户不开心，害怕带不好团队。如此种种，不胜枚举。

在女性的一生中，恐惧像藤蔓一样紧紧缠绕着我们。很多时候，我们甚至意识不到自己在很多方面停滞不前，正是恐惧在背后作祟。如果没有恐惧，我们是否能够勇敢地追求职业和事业上的成功，以及生活上的幸福？我们是否可以自由地选择前者或后者，甚至其他的活法？

我想是可以的。如果没有恐惧，我相信大部分女性更愿意去追求职场或个人事业上的成功，我也鼓励女性去追求职业和事业上的成功。

问题三：女性如何获得职业和事业上的成功？

根据我30余年在职场对不同企业、不同岗位的观察，发现女性在工作中，无论是项目管理还是团队管理，都更具有领导力。

既然女性在工作中更具领导力，那么为什么在企业高层职位中女性占比反而稀少呢？

我认为有两个原因：一是女性没有意识到自己是具有领导力优势的，有的女性天生容易低估自己的能力；二是有的女性在职场中不会主动争取晋升机会，忽略了自我领导力的培养。

女性在领导力上虽具有先天的优势，但领导力并不是天生的，而是自我后天历练造就出来的。女性要如何培养和提升自身领导力，获得职业和事业上的成功呢？答案就在本书里。

我想跟大家分享的是：**女性的成功之道是自我不设限**。

在我近 60 年的人生旅程中，我看到有太多的女性败在了自我设限上。有的姑娘说"我是女生，不适合理科"；有的女大学生毕业找工作时说"我表达能力差，做不了销售"；进入职场后，有的女性说"我是女性，我做不了管理"；谈恋爱时，有的姑娘说"我是一个女生，我不能主动约男生"；进入婚姻后，有的女性说"我是女性，我要照顾家庭，不能兼顾工作和事业"……

如果要把女性分为两类，我会划分为自我设限和打破自我限制的女性。

自我设限或多或少都是女性与生俱来的某些特质、观念或社会偏见造成的。在我为女性领导者做高管教练的时光里，我时常思索，为什么无论那些优秀又勤奋的女性再怎么努力冲刺，也只能晋升到一定的高度，再往上就变得十分艰难。对"自我设限"的深度认知，让我逐渐找到了答案：曾经让女性领导者收获成功的经验，最后可能会成为阻碍我们更进一步的"拦路虎"。

那些同样优秀，却能收获另一种人生的女性，她们往

序 言
成功由我，人生不设限

往不会让自己受限于女性的惯性思维与行为，而是时刻提醒自己应保持卓越领导者的头脑。有一位女性高层领导者找到我，她的目的不是学习如何做管理，而是与我探讨如何做自己。与我同龄的她曾经是一位老师，工作的重压逐渐让她感受不到工作的乐趣，还与自己的丈夫、孩子渐生嫌隙。在与我的沟通中，我向她推荐了很多能够改变自我认知的好书。随后，她开始读好书和学习，一点点地打开自己的认知，发现自己的优势和劣势。一年后，她告诉我，她与家庭成员之间的关系变得融洽了，工作也变得更有意义了。

这让我想起身材娇小的"国乒高手"邓亚萍，她的个头不高，手臂也不长，常规的乒乓球训练方式不适用于她。可热爱打乒乓球的她从未放弃，在坚持中找到了适合自己的训练方式，练就了高超的球技，最终成为乒乓球史上排名"世界第一"时间最长的女运动员。

瞧，有这么多女性勇于突破自我限制，勇敢奔赴在追求梦想的道路上。她们不因他人的目光而动摇，始终努力着，坚持着，用自己的一言一行向我们展示着：女人应该相信自己，应该自由且勇敢地抓住自己的命运。

此时，再回首我自己走过的这一段路，原来，我也是在一次次地突破自我——比如，此刻正用这些文字与大家交流的我，正在进行一场"艰苦卓绝"的自我突破。因为写书对我来说是一件非常有挑战的事。我不像《向前一步》的作者谢丽尔·桑德伯格那样世界闻名，可能医药行业外的人都不知道我。只因我在成为高管教练后，随着接触的女性领导者越来越多，在辅导她们的过程中，发现女性领导者是特别需要被激励、被肯定、被引领的群体。而我通过一对一的辅导能帮助的女性是有限的，如果把我的思考、经历，以及在企业高管岗位二十多年的心路历程中悟出的认知，用书的方式跟更多的姐妹们分享、交流，或许可以帮助更多的人。

职业与家庭、进步与享受的矛盾，无时无刻不在困扰着我们，这是渴望在职场和事业中取得成功的女性必须经历的挑战。这一切的前提是"不再自我设限"——这也是本书致力于为女性解决的问题。

一路走来，我以自己的收获与经验，已经帮助成百上千的女性迎接独属于她们的成功。我之所以能一次又一次完成这样不可思议的事情，是因为我不是复制他人的想法灌输进她们的脑海，而是通过自己总结出来的一套思路，教会每一位女性去寻找自己的破局方法。只有找到自己的方法，才能看到自己真实的成功。

如何确定本书正是我们心之所向？

首先请问自己：

你想在职场表达时，更加坚定自信吗？

你想在讲话发言时，更清晰有力、打动人心吗？

你希望提升自我价值、提高存在感，在职业上向前一步吗？

你希望自己可以自如地领导团队，在工作中持续获得出色的业绩吗？

你想成为一个拥有非凡影响力且受人尊敬的女性领导者吗？

……

如果我们的回答是肯定的，那么这本书正是为我们量身定制的。本书共分四个部分，旨在用简单易懂的"女性领导力三角模型"来提升女性的认知力、领导力和心力，获得达到目标的能力和力量。修炼这三个能力就是修炼人生的三种境界——见自己、见天地、见众生。

本书无意教导女性如何像男性一样行事，恰恰相反，我始终呼吁女性应该以柔克刚，我们不用刻意学习男性领导者的"刚性"，只需要运用好女性的优势即可。

虽然这本书聚焦在女性领导力，可它绝不是独属于女性的读物，我诚恳地邀请支持女性取得成功的每一个人翻开这本书。诸位的团队中一定有女性员工，也或许有女性领导者，她们的成功一定也是团队的诉求，而这本书将为诸位提供如何帮助她们变得更加强大的灵感；诸位的家庭里也或许有正被成功所困的妻女，这本书将为诸位打开帮助她们走出困境的窗口。

事实上，每一位关心女性成长，愿意点燃女性价值的人，都可以从这本书中收获一二。

本书结合了我个人的职业和事业上的经历，让我有机会再次照见自己的人生。我在书中谈到的所有品质，例如坚定、自信、勇敢、担当、慈爱等，都是女性成长和获得成功中不可或缺的品质，也是我一路走来，在内观和自省时对照的标准。因此，这本书也反映了我是如何度过人生中的一些关键时刻和艰难时期的。

最后,在这里我要特别说明一点的是,在这本书里,为了提升读者体验及大道至简的写法,我采用了"女性"的称谓,但人有千面,我所说的"女性"并不代表所有的女性,只是基于我所见、所闻以及一些学术调查显示出的女性的特点和表现出来的特质。所以,当我们读到某些女性特质时,如果它并不属于你的特质,不要紧,说明你已经做得很好了;如果它恰好符合你的特质,也不要紧,我们继续加油。

朱熹先生有言,"居敬持志,为读书之本;循序致精,为读书之法",我昼夜推敲,将自己人生至今所悟皆落在这本书中,为的便是能对得起一份"居敬持志""循序致精"的读书好学之心。若一本书能成为助人得道的机巧,那将是一段妙不可言的机缘。我期盼它能成就你我之间的缘分,或许,我们终将会在探究自我真实的思绪中相遇。

2022 年春天

目 录

对本书的赞誉
推荐序
序　言　成功由我，人生不设限

**第 1 章
去掉自我设限，
活出自己**

1.1　打破限制性认知的牢笼 / 003
1.1.1　性别无法定义我们的人生 / 005
1.1.2　走出内心的恐惧 / 013

1.2　活出自己想要的样子 / 021
1.2.1　听从内心，做自己想做的 / 022
1.2.2　"我"的成功，由"我"定义 / 029

1.3　女性领导力三角模型 / 033
1.3.1　大格局思维 / 035
1.3.2　自如的领导力 / 044
1.3.3　柔韧的内心 / 047

**第 2 章
认识自己，
管理自己**

2.1　认识真实的自己 / 053
2.1.1　认识内在的自己 / 055
2.1.2　认识外在的自己 / 061

2.2 接纳现在的自己 / 066
2.2.1 敢于承认自己不完美 / 068
2.2.2 做真实的自己 / 075

2.3 升级未来的自己 / 083
2.3.1 持续的增量升级 / 085
2.3.2 成为"王者" / 090

第 3 章 自如领导力的四项修炼

3.1 第一项修炼：战略思维能力 / 097
3.1.1 战略思维修炼的两个维度 / 098
3.1.2 战略制定：这仗怎么打才能胜 / 104

3.2 第二项修炼：辅导他人的能力 / 113
3.2.1 辅导人，就是帮助他人成为更好的自己 / 114
3.2.2 员工辅导"五部曲" / 116

3.3 第三项修炼：沟通能力 / 126
3.3.1 这样沟通就出 Bug 了 / 128
3.3.2 沟通的三个段位 / 132

3.4 第四项修炼：影响力 / 151
3.4.1 形象就是影响力 / 152
3.4.2 敢于得体地展现自己 / 162

**第 4 章
温暖慈悲，
内心坚定**

4.1 心是一切行为的根源 / 173
4.1.1 欲成事，先修心 / 174
4.1.2 心性与女性成功率 / 178

4.2 心力是巨大的能量 / 183
4.2.1 成为管理上的"神枪手" / 184
4.2.2 提升心力的三个维度 / 187

4.3 爱是一切力量的源泉 / 194
4.3.1 用爱做决策 / 194
4.3.2 用爱带团队 / 198

后记 / 204

成功由我

女性领导力的修炼

第 1 章

去掉自我设限，
活出自己

人最伟大的能力,
莫过于战胜自己的能力。

1.1 打破限制性认知的牢笼

哲学家叔本华说:"世界上最大的监狱,是人的思维意识。"的确,我们绝大部分人都活在自己的认知里,女性尤其如此。

当我们是小姑娘时,认为:

"女孩要成为淑女,要站有站相,坐有坐相。"
"女孩斯文乖巧才讨人喜欢。"
"女孩数学不好很正常。"
……

当我们长大后,可能还会认为:

"女孩不适合读理科专业。"
"干得好不如嫁得好。"

"女人在工作上没必要太拼命，照顾好家庭才是最重要的。"

……

认知就像一座监狱，把我们的思维牢牢禁锢其中。一个人的认知一旦被禁锢，就会被各种成见包围，我们所能看到的，往往只是我们想看到的，或者说是别人想让我们看到的。久而久之，我们就会习惯于从固定的角度来观察和思考事物，以固定的方式来接受事物，并且认定真相就是如此。比如，有的女性认为自己就应该读文科专业，就应该做秘书类工作……

人的一生都在为自己的认知买单。我们所赚的每一分钱，都是我们对世界认知的变现。认知水平越高的人，看事物就越客观，越能找到事物的本质和规律，就越容易成功；认知水平越低的人，看事物就越主观，就越容易被表象迷惑、迷失自己。犹如《教父》里的那句话："用一秒钟看到本质的人，和半辈子也看不清一件事的本质的人，注定有不一样的命运。"

所以，我们一定要打破自己认知的牢笼，人的认知一旦得到突破，思维就会彻底打开，我们不仅可以看到一个更加透彻而真实的世界,还能一眼看到本质,抓到事物的要点。

1.1.1 性别无法定义我们的人生

在职场上,我们会发现一个有趣的现象:

很多有出色理工科专业背景的姑娘会选择秘书及一些事务性工作作为自己的职业;

35岁以前,很多女性的发展速度都不亚于男性,35岁以后,明显后劲不足;

猎聘大数据研究院发布的《2021职场女性与男性性别差异数据报告》显示,在过去的五年中,女性高管比例从2016年的1.6%提升到2020年的2.1%。但整体而言,女性高管的占比仍然远低于男性高管。

我一直以最近的距离在职场观察着这些令人沮丧的现象,同时也在思考是什么原因导致这些现象的出现。

我工作了36年,其中有20余年担任的是企业高管的职位,退休后成为企业高管教练,我的职业履历让我洞察到不同性别的员工和领导者在职场上的行为特点和思维模式。总结起来，我认为导致这些现象出现的主要原因就是女性对性别的认知。

我曾担任北京大学的职业规划辅导老师，有幸辅导这些"国之重器"中的女硕士、女博士。在我心中，她们都是非常聪明且勤奋努力的优秀女性代表。我为她们做一对一职业规划的辅导时，马上要毕业找工作的小微同学问我："康老师，我能到外企工作吗？"我问她："是什么原因让你问这个问题呢？"她说："我是女生，可能不太适合竞争激烈的外企，我父母说最好不选需要经常出差的工作。"

我问她："你过去参加过任何形式的竞争吗？"她跟我分享了她考大学、考硕士研究生、考北京大学博士研究生的经历。听完她的故事，我对她说："我听到了一个姑娘无惧竞争，一步步靠自己的力量最终成为北京大学的博士，并且顺利毕业的成功故事。你觉得，你是怎么做到的？"在她向我讲述自己一步步努力的过程中，我听到她的声音不再是刚开始问我问题时的胆怯，变得越来越有力量；我看到她的脸上露出了自信的微笑，眼睛也明亮起来了。

第 1 章
去掉自我设限，活出自己

我说："此刻，我看到了一个既有勇气，又有能力且能够自己规划每一步的姑娘哦。你能披荆斩棘地一路考入理想中的学校，这本身就很了不起。而且，这还是你自己独立规划的。我相信，你用现在的能力来规划你的求职选择是完全没有问题的。"听我说完后，小微开心地笑了。她对我说她内心很想去外企工作，但是听别人说"外企不适合女生"后，她就开始怀疑自己，准备按父母的意愿去考公务员。

当我们的辅导谈话结束时，小微对我说："谢谢康老师，您帮助我看到了自己的优秀和能力，我决定跟随我的内心去申请外企的职位，有好消息我会告诉您。"

瞧，这么优秀的姑娘，因为对自我性别的限制"我是女生，不适合竞争"，差点儿放弃了自己内心的梦想。

有同样现象的不止这一位姑娘。北京大学的研究生小春，学习成绩优异、能力突出，她找我做职业规划辅导时，说出了她的困惑——"是否要继续读博士研究生？"我问她："是什么让你感到纠结呢？"小春的回答让我哭笑不得，她说社会上流传着这样的说法，"世界上有三种人：男人、女人、女博士",她害怕"女博士"的标签会让她以后很难找到对象、拥有一个幸福的家庭。

若不是亲耳听到,我不敢相信在2020年的北京大学校园里,如此优秀的女研究生会为这样的问题感到烦恼。我为小春做了深度辅导后,她看清了自己内心想要活出的样子,笃定了自己原有的"自己的人生自己做主"的态度,不再惧怕外界给女性的限制性标签。最后,小春对我说,她准备继续考北京大学的博士研究生。

为什么在我们眼中如此优秀的年轻姑娘会觉得自己不行呢?

这是因为社会对男性和女性在行为方式及期望上有不同的要求,小到服饰、言谈举止、兴趣爱好、性格特征,大到家庭分工、社会分工,会形成一套约定俗成的性别模式。正如明末时期的吕坤在《闺范》中所揭示的那样,"今人养女多不教读书认字,盖亦防微杜渐之意"。

除了社会的外在壁垒和性别的刻板模式,女性还受制于内在的自我设限——我们会在心里给自己设限,哪些自己能干,哪些自己不能干,哪些自己该干,哪些不适合自己干……一旦我们在内心里给自己设限，那么碰到一些机会时，也会退缩，认为自己不合适干、不能干、干不成。于是，我们一次次降低自己对取得成就的期望值，比如，像前面两个姑娘一样，不去外企工作，不考博士研究生。

其实，不止这些年轻的姑娘，即使如我这般在职场工作了 36 年，在跨国企业的高管团队里摔打了 20 余年的职场"老司机"，也曾走过许多弯路。

2005 年，我在美国辉瑞公司中国区担任药物研发和医学负责人。有一天，总经理艾德先生找到我，问我是否有兴趣往公司总经理的岗位发展。如果我有这个意愿，公司将制订一个帮助我成为总经理的成长计划。听到这话后，我当时的第一反应是："总经理这个工作我干不了。做总经理会经常出差不在家，我要兼顾家庭。"考虑到这一点，我没有半分犹豫，立刻对艾德先生说："感谢公司对我的认可，也谢谢给我提供发展机会，但成为总经理不是我的目标。"听到我的答复后，艾德先生表示会尊重我个人意愿。当然，随后我的名字也就从总经理继任者候选名单里拿掉了。

4 年之后，当我成为事业部总经理，再回过头来看 4 年前发生的这件事，我意识到自己当时的想法就是典型的自我设限。我限定了总经理岗位只适合男性，还把事业成功与家庭幸福二者对立起来。如果是男性，听到公司给予自己晋升机会，一定会欣喜若狂地抓住它。而我却因为自我的限制性思维，把送来的机会主动推走，这样的举动让我至少在管理者晋升通道多走了 4 年的弯路。

　　幸运的是，与艾德先生谈话后的第二年，我去欧洲工商管理学院 (Institut Européen d'Administration des Affaires, 简称 INSEAD) 学习了"女性领导变革"的课程。同年，我也到哈佛商学院 (Harvard Business School, 简称 HBS) 进修了"科学引领变革"的课程，这两次学习让我领悟到变革就是要打碎原来的固有思维，也帮助我打破了自己固有的对"女性成功"的限制性思维，从旧的认知中彻底走了出来。我开始以崭新的思维和全然开放的心态来拥抱机会。第一次主动找艾德先生提出了自己的发展诉求，我告诉他，自己想走出舒适区，走出中国到美国纽约的辉瑞公司总部工作，以建立自己的全球视野和积累国际化管理经验。

　　当我担任了辉瑞公司事业部总经理之后，我发现，这

第 1 章
去掉自我设限，活出自己

个工作不仅自己可以干，而且在管理方面自己干得比男性还要出色。这更加坚定了我的信念，只要我们自己愿意去干、敢于去干，就没有什么干不了，也没有什么干不成的。

实际上，**性别限制性认知**对女性的影响鲜少被人谈及。信息时代的发展，让我们总是听到或看到一些女性谈论职场的不公平、事业与家庭难以兼顾等。俗话说"过犹不及"，这样的论调听多了、看多了，除了影响我们的情绪，别无他用。我们应该更多地去分析是什么原因让我们不敢向前一步，因为这是我们自己唯一可以控制的。**我们改变不了世界，但我们可以改变自己。**

2009 年，我到迪拜参加了一个"全球女性领导力"论坛，论坛请来一位阿拉伯女性领导者作为嘉宾与大家交流。要知道，当时的阿拉伯女性出门是要蒙面的，而且出门和坐飞机都要预先获得家里男性成员的书面准许。即使是在这样的外部环境下，这位阿拉伯女性却在政府里做到了部长的职位，这是需要多大的勇气和自信？

坦诚地说，至今我们都无法改变所有人对女性角色的认知，如同我们无法让所有人都喜欢我们一样。无论我们怎样做，总会有人指指点点，总有人喜欢给他人下定义。就比如，当我 58 岁去跳伞、去潜水时，有人说"你这个年纪去跳伞，太冒险了"；当我 59 岁从企业退休开创了自己的管理咨询公司时，有人说"都退休了，不应该再做这些辛苦的事了"……如果听到别人这么说，我就停止自己喜爱的工作，停止去尝试生活中的未知，停止去享受自己的爱好，那么我的人生就活在了别人给我的定义里，就失去了生命的自主权。

在女性的一生中，我们不可避免被拿来与男性做比较，从升学、选工作、晋升……处处都要面对与男性竞争的局面。很多时候，女性要付出更多、业绩更优秀才会被看见、被认可、被相信，这是社会沿袭旧时代对女性的固有认知和定位所致。打破旧的认知需要成千上万的女性共同努力，才能推动这一进程，让女性能真正自由地生活在一个不会被标签化的社会环境中。

社会对女性的定义也好，偏见、批评也罢，以前我们能听到，现在我们依然能听到，将来还是能听到，这些问题是具有普遍性的。敢于"活出自己"的力量，来自我们的内心，来自我们对自己的认知。性别无法定义我们的人生，能够定义我们人生的只有自己的内心。别让性别角色的刻板印象限制了我们的想象力，大多数时候，自我发展道路上的那块天花板可能是我们自己安上去的。

人最伟大的能力，莫过于战胜自己的能力。我们要打破对"女性"的限制性认知的牢笼，通过女性的优势获得想要的成功。我们既要拥抱自己，又要绽放自己。

我们有选择拥有任何人生的权利，我们不只可以前进一步，也随时可以后退一步，只要我们愿意。

1.1.2 走出内心的恐惧

随着时代的进步、科技的发展和教育水平的提升，基于男女体力、技能差异的就业和创业门槛大大降低，特别是在当下的互联网时代，随着自媒体网红、带货主播等一批互联网创业大 V 的崛起，让我们看到越来越多的女性即使全职做家庭主妇，也可以通过饮食短视频、照顾孩子的生活短视频等，实现个人事业上的成功。

女性既是新经济的参与者，也是推动者。据国务院发布的 2021 年《中国性别平等与妇女发展状况》白皮书显示，中国女性创业者正在进入爆发期。2021 年，新品牌女性创业者占比已经达到 40%。

这是一个令人振奋且欢悦的现象。社会的发展与进步，以及上一代女性的奋力抗争，让现在的我们有了选择自己人生的自由。同时，我们又不能忽视另一个让人有些沮丧的现象：**仍有大量女性正在退出职场**。

联合国妇女署通过电话和线上的方式收集了 38 个国家有关无偿工作的数据，调查显示，60% 的女性和 54% 的男性表示自己花在家务上的时间比新冠肺炎疫情前更长，女性进行无偿工作时间至少翻了一倍。这意味着，在同样的人生阶段，我们既被要求在职业上付出大量的时间和精力，又被要求生儿育女、照顾家庭。这样的状况，让大部分女性应接不暇，不堪重负。

是什么原因导致女性处在这样的状况呢？

在我做高管教练期间，但凡有女性领导者到我这里接受辅导，我都会问她们一些问题，其中一个就是"为什么觉得自己坚持不下去了？"大多数女性领导者的答案是，因为害怕——害怕不被人喜欢，害怕自己做不好，害怕失败，害怕成为别人口中糟糕的妈妈、妻子、女儿，害怕客户很少，害怕带不好团队，如此种种，不胜枚举。

瞧，在女性的一生中，恐惧像藤蔓一样紧紧缠绕住我们。很多时候，我们甚至意识不到，我们在很多方面停滞不前，正是恐惧在背后作祟。

我认识一位"80后"姑娘，颇为能干，她曾经给我分享过她的一次相亲经历。姑娘经人介绍与一位男孩相亲，初次见面，两个人彼此都觉得对方不错，互留了微信。回去后第二天，男孩突然把姑娘拉黑了，姑娘不明所以，找介绍人询问情况。得知男孩把她拉黑的原因是男孩在她的朋友圈看到她经常到世界各地出差，工作很忙，见识很广，认为她不是一个适合做妻子的人选，担心她事业心太强，会不甘心在家带孩子、照顾家庭……

姑娘分享完自己的这次相亲经历，有些担忧地问我："康老师，我事业心强真的不好吗？"

我问她："追求事业，你开心吗？"

姑娘眉眼立马舒展开来，坚定地回答："开心。"

"你已经知道答案了,不是吗?"我说。

子非鱼,焉知鱼之乐?我倒希望这位姑娘能够成为凌云壮志的人,因为她越优秀、越自强,人生就有越多选择权,就可以离那些思维固化、活在"婚姻旧脚本"里的男性越远。

如果没有恐惧,我们是否能够勇敢地追求职业上和事业上的成功,以及生活上的幸福,我们是否可以自由地选择前者或后者,甚至其他的活法?

当然可以。

智联招聘 2021 年发布了一组"北上广深"等一线城市男女本科学历占比,其中职场女性本科以上学历占比达到 55.9%,职场男性本科以上学历占比为 46.7%。更高的知识水平也为女性担任领导者带来更多的自信,对女性来说,领导力不再只是"向前一步"的勇气,而是一种确定的信心。

既然女性在工作中更具领导力,那么为什么在企业高层职位中女性占比反而稀少呢?瑞信研究院在 2021 年发布

第 1 章
去掉自我设限，活出自己

的《瑞信性别3000》报告显示，在全球46个国家3000家企业的33000名高管中，女性董事的占比在过去的10年里提高了一倍。而在中国，董事会女性成员占比为11%，比例排名位于全球第26位，远落后于全球平均水平。女性高管占比也仅有15.2%。

低比例的原因有很多，包括社会因素、文化因素、企业机制、就业机会等外部因素，也包括女性自身能力、心理素质、认知思维等自我的因素。但我更鼓励大家多向内看，多看自己的因素，因为这是我们唯一能掌控的。有句话说"在这世界上，我管不了别人，我能管的只有自己"，乍一听，似乎有些消极和自我，但其中大有智慧。这个世界上唯一能让我们开心或者痛苦的人，其实就是我们自己。

向内看，看自己。是什么让我们女性虽有能力却止步在领导者岗位之前？一个重要的原因是女性从小到大被教育好女孩要"听话""顺服"，要展示温顺。行为被约束久了，在我们的大脑中就形成了固定的思维模式，形成了我们思考问题和决定行为时的标准。渐渐地，我们就把自己定位成了要做优秀的"依从者"，缺乏要当领导者的意识和觉知。偶尔冒出这样的想法时，就会自我批判"我是不是太有野心了""我是不是太不安分了"。

一部分女性就这样把自己在职业上晋升的"小火苗"给掐灭了；还有一部分女性被领导赏识激励，自己也想尝试，就步入了领导者的岗位，遇到挑战时，又开始自我怀疑，打退堂鼓。

人们对男性有职业上的期待，对女性更多的是家庭上的期待。更糟糕的是，男性在职业上的进取心和取得的成功，会受到人们的赞赏，而女性在职业上的进取心或成功，却常常受到质疑或负面评价。

我们是否会经常听到"女强人"三个字？有人拿来戏谑，有人拿来消遣，有人羡慕，有人畏惧，有人欣赏，也有人嫉妒。

当人们把一个有进取心、有成就的优秀女性贴上负面的"女强人"标签后，也让很多女性形成了"成功的女人家庭不幸福""拼得好不如嫁得好"等片面认知，不敢去追求个人的成长和事业的成功。

第 1 章
去掉自我设限，活出自己

让我感到难过的是，很多女性从心里认为"女强人"是一个贬义词。

在心理学上，有一个叫"双重束缚"的专业术语。它的意思是说，我们要达到两个要求，但遵循这个要求就会违反另一个要求。通俗地说，女性能干就会被视为不温柔，女性温柔就会被视为不能干。这一点，我们通过一些电影、电视剧就能看出来。西方文化比较欣赏独立坚强、能与男性平分秋色的女性，他们很少去歌颂女性的"鞠躬尽瘁，无私奉献"。比如，我们看的《古墓丽影》《超体》《史密斯夫妇》《终结者》等电影塑造的女性角色，大多无畏而自由。在中国文化里，我们看到的大多数作品都在讴歌女性的温柔、体贴、贤惠、无私奉献等品质。

受到文化的熏陶和我前面说的社会对女性的角色期待，让我们在潜意识里形成"女性要温柔""女强人会婚姻不幸福"的认知。这种认知会让我们因为害怕成为人们口中的"女强人"，而放弃远处的星辰大海。

认知的高度决定了我们能达到的目标高度。

在 2022 年北京冬奥会上，最抢眼的体育明星是获得两金一银的18岁姑娘谷爱凌。她斩获了中国在自由式滑雪——冰雪项目中的极限运动的首枚奥运会金牌，成为世界上第一位完成1620（空中向左偏轴转体四周半）加安全抓板难度动作的女运动员。

谷爱凌给我们带来的不仅是精彩绝伦的各种高难度动作，更是精神和认知上的冲击。赛后面对记者采访时，她说："我只希望可以享受自己的人生，做到我能做到的最好，和为冰雪运动领域带来尽可能多的积极的改变。如果有人质疑我的初心，那可能是他们没有足够的同理心去理解我的善意……"

谷爱凌就是一个遵从内心、活出自己的姑娘。当我们敢于挣脱从小受到的限制性教育的束缚，走出内心的恐惧，从固定型思维扩展到成长型思维，想做就去做，我们能取得的成果可能会超出自己的想象。

姐妹们，问问自己的内心："如果心无恐惧，你会做什么？"然后就大胆去做吧。

1.2 活出自己想要的样子

"Hi，Iris⊖，最近我一直在思考，对于女性来说，什么才是'成功'？

我是一名企业里的领导者，当我培养出许多优秀的人才，并且把部门的业绩目标按时按质按量地完成了，是否就代表着成功？

成功是否意味着我需要拥有责任领域里的某项高超技能，或成为该领域的领导者？

对于女性来说，平衡好工作与家庭是否就是成功？

如果一个人的成功需要有这么多的定义和标准，我发现自己即使倾尽全力可能也无法实现成功。这让我感到焦虑和无力。

所以，我想请教Iris，我们应该如何定义自己的'成功'？"

⊖ Iris是我在外企工作时，使用的英文名字。

2020年年初，我收到这样一条微信。看完她的信息，我自言自语道：或许，**只有在女性眼中，成功才是一道令人纠结的难题。**

什么是衡量女性成功的标准？是个人事业上的成就或思想上的独立，还是拥有一个幸福美满的家庭？

说实话，把"女性"两个字抹掉，我们也很难去定义一个人成功的标准是什么。犹如一千个人眼里有一千个哈姆雷特，一千个人眼里也有一千个成功的标准。那么，我来说说我对女性成功的理解。

1.2.1 听从内心，做自己想做的

20世纪60年代出生的大多数女性会选择安稳和循规蹈矩的生活。我属于少数的那群人，不愿意走由他人设定好的路线，相信"人生由我"——我的人生应该由自己做主。

我曾经的理想是成为一名治病救人的医生，幸运的是，大学毕业后我顺利地成为一名神经内科医生。在医院里每天看着病人痊愈后的笑脸，听到他们真诚的感谢，我非常

第 1 章
去掉自我设限，活出自己

开心。我以为我会在医院工作一生。意料之外的是，当我在医院工作了 11 个年头后的一天，我坐在办公室看着熟悉的病历夹，突然意识到，我的职业生涯是一眼可以看到头的——继续在医院工作数年，成为神经内科的资深专家，未来有可能晋升为科主任、医院院长，然后工作到退休。这种已知的未来，让我感到不甘心。

我是一个好奇心很强的人，喜欢探寻未知的事情。我相信**一个人的生命不但要有长度，更要有宽度和厚度**。"长度"很简单，就是年龄；"宽度"是指人生的阅历，人生体验越多，宽度就越广；"厚度"的内涵就丰富了，人生观不同，对厚度的理解也不同，我理解的厚度是胸怀和境界。**人生的长度是健康，人生的宽度是视野，人生的厚度是思想。**

带着一颗激动的、试图追求人生宽度和厚度的心，我离开了熟悉的医院，开启了一条未知的职业路线。

为了体验不一样的人生，我去了尼泊尔的首都加德满都，成为有独立行医执照的且能同时运用西医和中医针灸疗法为神经科瘫痪病人治病的大夫。两年后，我从医生的岗位晋升到院长，增加了医院管理的职责。4 年后，我陪孩子回国读书并做了重大的职业转轨，进入了一个全新的领域——制药行业，我加入了拥有百年历史的德国拜耳医药公司，成为一名负责药物研发的临床研究员。

第一次在外资企业上班，我犹如一名刚进入职场的"菜鸟"，对公司里所有的工作都感到好奇。我的工作是负责研发治疗阿尔茨海默病（老年痴呆）的药物，当时市场上治疗该病的药物数量几乎为零，这种未知的感觉让我每天工作时都充满激情。带着这份激情，我参与了公司的一系列创新药研发。比如抗生素莫西沙星、高血压药物拜新同、糖尿病药物拜糖平。当我看到自己参与研发的新药可以帮助更多的病人减轻痛苦或痊愈时，我获得了极大的成就感。这种内心的满足和热爱反馈到工作中，如同自带了一台会源源不断产生动力的发电机，让我对每一项工作都充满了热情。我又一次做了自己内心想做的事情。

在公司工作后，我发现自己的晋升路径非常清晰，只要每年都能够实现年初制定的业绩目标，我就有机会被提拔为管理者。我在拜耳医药公司工作一年后被提拔为主管，两年后被提拔为经理，三年后被提拔为总监。"三年跳三级"的快速晋升，不仅开启了我不同的人生体验，也开启

第 1 章
去掉自我设限，活出自己

了自我探寻之旅，让我一步步发现了自己尚未开发的潜力。

以前的我一直从事的是科学技术工作，用自己拥有的知识和技能给病人看病和从事新药研发。自从我成为一名团队负责人——领导者，每天都有很多"管人"的事要做，进入了一个全新的用一个生命影响另一个生命的旅程。

在当领导、带团队的过程中，我发现自己除了管理业务还非常喜欢且擅长辅导和培养下属。在20世纪80年代的中国，市场上还没有今天这么多专业的管理培训机构和培训师，为了提升一线经理的能力，我亲自设计领导力培训课并给团队做培训。记得有一次给经理们做"如何辅导员工"的培训时，我从家里拿来了所有的丝巾，用一个"学会系丝巾"的现场演练，来帮助经理们体会如何做辅导才能让员工真正地从不会到会，再到独立完成任务。在愉快的气氛中，大家学会了辅导的关键技巧。每每看到下属通过我的帮助得到成长时，我的内心感到无比喜悦，充满成就感。

我在拜耳医药公司工作了近8年。在这期间，除了管理好所负责的新药临床研发、注册、药物安全等业务工作，我还花了很多时间来为团队做培训和辅导员工，以提升团队的能力。我把给员工培训当成了自己的一个爱好，这个爱好一直伴随我至今。退休后，我水到渠成地成为一名企业管理咨询师和高管教练。我再一次做成了自己内心想做的事情。

在拜耳医药公司工作时，只要我愿意继续做完全可以在研发部负责人的位置上一直做到退休。可我恰恰是一个不安于现状且喜欢不断挑战自己、突破自己的人。当我觉得这个职位上的工作变得越来越得心应手、越来越没有挑战时，我那颗不甘于自我设限的心又开始"躁动"了。在20世纪80年代的外企，中国区总经理都是由外国人担任，一个中国女性能做到研发部门的领导人已经是当时职业发展路径上的天花板了。为了自己能够继续成长，不被这个天花板限制住，我决定去"充电"。我考入了中欧国际工商管理学院（China Europe International Business School，简称CEIBS）学习高级工商管理（Executive Master of Business Administration，简称EMBA）。这次的学习之旅，又为我打开了另一个全新的世界。

在EMBA课程中，我第一次学会了如何给一个产品做

第 1 章
去掉自我设限，活出自己

定位，如何定义产品的价值，如何做市场推广，第一次系统地学习了公司的组织管理、财务管理、人才管理、商业管理和法务管理等知识，这与我之前所学的医学和药物研发是完全不一样的知识体系，它改变了我的知识结构和知识储备，也改变了我对商业世界的认知。这让我无比兴奋。

EMBA 毕业 4 年后，我从一名负责研发的领导者转型成为一名商业领导者，岗位职能的跨界虽然让我面临诸多挑战，但我仍然感到很兴奋。因为我是跨国制药公司里在中国第一个从科研领导者直接成为一名商业领导者的人，这个纪录保持了 12 年——直到 2021 年，我的一位男同事也成功"跨界"。直到现在我仍记得当时接受任命时，领导问我："我们愿意让你担任总经理这个职务，你有兴趣吗？"我的回答是："Why not（为什么不呢）？"这一次，我没有对送到眼前的机会说"不"，因为这是我发自内心想干的事情。

女性领导者在选拔竞争中常常被评价为"三不够"：战略高度不够；视野宽度不够；思维度不够。为了突破"三不够"，我在新的岗位上要继续快速提升自己。48 岁时，为了成为一名优秀的总经理，我报考了爱尔兰大学制药医学的远程硕士，学习制药行业最新的科学发展和技术，包括人工智能新药研发、医疗数字化信息管理、患者跨地域管理和法规政策等。

59岁时，面对即将到来的退休，我重新规划了自己未来的事业——用自己多年的管理经验帮助至少100名年轻的领导者。为此，我报名了"企业高管教练"的系统课程，学习了专业的教练技术。幸运的是，《觉醒领导力》课程是由全球排名第一的高管教练约翰·马托尼亲自授课，他曾是乔布斯的高管教练，他的教练方法对我后来做高管教练影响非常大。

2021年3月，我从阿斯利康公司中国副总裁的职位退休后，开创了埃瑞斯管理咨询公司，为企业高管提供领导力教练和管理咨询服务。每当我看到年轻的领导者带着很多管理上的困惑而来，经过我的辅导，他们找到了解决问题的方法，露出豁然开朗的笑脸离开时，我从心底为他们的成长感到开心，也为自己能老有所为而感到骄傲。

如今，回顾我60年的人生，从医生到药物研究员，从企业研发领导者到商业领导者，从医学事务领导者到企业管理顾问，从企业高管教练到企业创始人和CEO，这些不断变化的跨界工作经历，不仅让我扩大了视野，拓宽了思维的宽度，提升了自己的格局和领导力，更让我体验了多样的人生经历，找到了自己的使命和人生价值。最重要的是，在变化中，每一次我都做了自己内心想做的事情。

经常有人问我："看到你每天都很开心，你是怎么做到的？"我想可以用一句话来回答：**听从内心，做自己想做的**。我们的内心，就是我们人生的导航仪。

1.2.2 "我"的成功，由"我"定义

成功，是活出自己想要的样子。无论是我们做的事情，还是我们做的选择，只要实现了心中所想，我们就成功了。

看到这里，我们可以问问自己：

我对自己现在的工作满意吗？
我现在处于工作或者职业生涯的什么阶段？
我在工作中能够实现自己的价值吗？
我真的想在工作中获得成功吗？

我们需要明白对自己来说什么才是成功。这个成功也许是升职加薪；也许是创业成功；也许是在企业获得更多

的话语权；也许是成功完成某一个项目；也许是结婚生子，做一个全职太太……这些想法都很好，因为"成功"的意义是由我们自己定义的，它只属于我们自己。

虽然我写这本书的初心是想帮助和鼓励女性追求职业或事业上的成功，但我并不认为成功只有一种定义。不是所有的女性都想追求事业成功，不是所有的女性都想要结婚生子，也不是所有的女性要从这两者之间做出选择。

为什么我会对自己的每一份工作都充满激情？答案是我一直在做自己内心想做的事情，永远不给自己设限，想做什么就大胆去做，没有因为他人的眼光而去追逐或者放弃。

直到现在，我还清晰地记得发生在我 40 岁时的一件事。有一天在公司大厦的大堂，我遇到了另一家公司的男高管，在聊天中，我告诉他，我准备从拜耳医药公司跳槽后报考 EMBA。这位男高管听完，一脸震惊地问我："你疯了吗？40 岁了，你还去学 EMBA，你还要跳槽？"听他这么一问，我当时愣住了，回答道："40 岁怎么了？"他说："你一个 40 岁的女人了，还折腾什么呀？"

第 1 章
去掉自我设限，活出自己

"你一个××岁的女人了，还折腾什么呀？"这句话在我听来极为刺耳，40岁怎么了？谁规定了这个年龄的女性应该做什么？如果我是男性，还会有人对我说这些话吗？

对女性的限制性思维，不仅发生在落后的乡村，哪怕是在被西方文化渗透的外企，也依然牢固地存在着。女性需要不断提升自己的内在力量，有勇气拿回属于自己的权力，包括很重要的选择权——选择过什么样的人生、做什么样的工作、成为一个什么样的人。

现在回想，我之所以能在每次"华丽转身"后获得成功，除了勤奋和快速学习的能力，最重要的是这是我自己的选择，不是别人指给我的，也不是社会给女性划定的约定俗成的路线。这种自主决策给了我极大的工作热情，让我由内到外自带强大的驱动力。相信我，**等着别人唤醒我们和自己唤醒自己，有着本质的区别**。

包括写这本书，也是我想写就动手写了。我没有觉得我不是职业作家，不是"顶流大咖"就不能写。我没有这种自我设限的想法，是因为我写书的初心只是想把自己的经历与经验分享给更多人，让女性领导者看到一个职场前辈也经历过她们现在正在经历的，帮助她们找到同行者。对刚进入职场的年轻女性，我希望能给她们一些正能量，给她们一个职场前辈的指导和陪伴。

尽管我现在已经退休，被社会认为已进入养老一族，但我从不为年龄设限，不为性别设限，我仍然觉得自己的未来是不可知的。2021年我做了一件挺得意的事情，我学习了编程，当屏幕上出现自己敲出的第一行代码时，我的内心是激动的。跟上时代的脚步，只需要躬身入局，只要我们有终身学习的意识和能力，年龄就不会阻碍我们与社会连接，与时代同步。**只要我们不放弃自己，就没有人能放弃我们**。自己的人生，自己做主。

"我的成功，由我定义"，关键是要明白自己究竟想要什么，不要活在别人给自己的压力下，也不要活在别人定义的成功的"阴影"里。如果我们能做到这一点，谁能说我们不成功？

1.3 女性领导力三角模型

一个女性想活出自己想要的样子,不再因为性别而定义自己的人生,敢于追求事业上的成功,那么她一定会获得成功吗?

不一定。

"有道无术,术尚可求也;有术无道,止于术。"一个领导者如果只有"术"的层面的技能,而没有"道"的层面的认知,前进之路基本就已到达了终点,晋升之路也会止于"术"。

有一天早上,我收到一位负责销售的女性领导者给我发来的她辅导员工的现场视频,她想请我点评一下她的辅导质量。看完视频,我惊讶地发现,她的辅导能力与三个月前相比,已经是云泥之别。我立刻发微信夸赞了她。她很开心地跟我分享了自己快速成长的心得。她说我在课堂上讲的"知其要者，一言而终。不知其要，流散无穷[一]"让她深受启发。她坚信学习一项新技能时也是一样的做法，掌握其关键点，弄懂其中的"道"，才能获得成功。这位女性领导者就是掌握了辅导员工中的"道"——要激发员工的潜能，然后在这个点上持续反复地练习，才可达到理想的效果。

我见到的大多数女性领导者都勤于学习，在管理上孜孜不倦地学习了很多方法和技巧，但仍然会出现半路夭折或者晋升卡壳的困顿局面。最重要的原因在于她们没有真正掌握其要领，缺乏对管理之道的认知。

"道"是规律，只有掌握规律，管理才会变得简单。"术"是方法，只有掌握方法，才能行其道，将理想变成现实。两者互为依存，懂道有术，才能无往不胜。

那么问题来了，女性成功之"道"是什么？

[一] 出自《黄帝内经》，意思是若掌握了（一件事的）关键点，一句话就可把它概括完了。若不知道它的关键点，就会洋洋万言也说不清楚。

大道至简，为了让大家能够通俗易懂地理解女性成功之道的关键要点，我把自己所见、所思、所行进行总结归纳，提炼出一个"三角模型"，简称"女性领导力三角模型"，如图1-1所示。

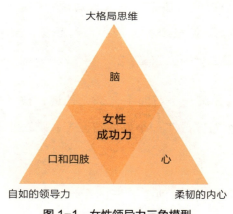

图1-1 女性领导力三角模型

我之所以选用"三角模型"，一是因为三角形是最稳固的结构；二是"女性领导力三角模型"的各个维度既互相独立又互相依存，形成支撑女性成功的核心力量。

1.3.1 大格局思维

在"女性领导力三角模型"的顶端是"大格局思维"。

"大格局思维"是一种思维的修炼。为何我要把"大格局思维"放在顶端呢？我给大家讲个小故事。

山脚下准备建一座教堂，有三个石匠在干活。一天，有人走过去问他们在干什么。第一个石匠说："我在混口饭吃。"第二个石匠一边敲打石块一边说："我在做世界上最好的石匠活。"第三个石匠眼中带着想象的光辉仰望天空说："我在建造一座大教堂。"

10年后，第一个石匠手艺毫无长进，被老板炒了"鱿鱼"；第二个石匠成了一个好的石匠工；第三个石匠成了著名建筑师。

我们不必为前面两个石匠的命运感到诧异，从他们的答案就可以看出他们未来的样子。第一个石匠眼界狭小、见识短浅，只看得见现在手里的活，没有格局思维；第二个石匠眼界要比第一个稍远大一些，能看到5年或10年后的样子，有格局思维但格局还不够大；第三个石匠眼界远大，能看到未来的样子，有大格局思维。

眼界决定格局，格局决定结局。格局的大小，往往决定一个人能走多远，能干多大的事和挑多重的担。我们要

第 1 章
去掉自我设限，活出自己

活出自己想要的样子，特别是想获得事业上成功的女性，需要拥有大格局思维。

有大格局思维的女性大多拥有两个特点：一是有远见，敢于追求个人的人生意义和社会价值；二是有视野和高度，能够立足公司的高度看自己的责任。

女性的大格局，在于远见。我在为女性领导者做辅导时，常常会问她们：你未来 5 年的职业规划是什么？大多数情况下，她们会一脸迷茫地望着我说："可能还在现在的岗位，干得更熟练。""我没想过，先把手中的工作干几年再说吧。"后来，当我们一起探寻"人生快要结束时，如何总结自己的一生"时，我惊讶地发现，大多数女性领导者是非常清醒的，她们会说"我希望做一个善良的人""我希望做一个对社会有贡献的人""我希望自己事业有成，家庭美满"……

"成为一个善良的人"或"对社会有贡献的人"是她们未来想要活成的样子或者目标。当她们看到自己想要活成什么样子的时候，我再回过头来问她们"未来 5 年的职业规划是什么"，这时她们就会告诉我，"未来 5 年我可能还会在健康行业工作""我会一直在为帮助病人获得健康而忙碌着，但我很喜悦""我会带更大的团队，帮助更多的人成长""我会再去学个学位，升级现有的知识结构""我会转岗，跳出现有的舒适圈，修炼新的能力"……

瞧，我直接问"未来5年的职业规划"时，大多数女性领导者是不清楚的，处于迷茫的状态。但当我问到她们人生的终极目标时，她们非常清晰地知道自己要什么。同样的问题，不同的提问方式，就有不同的答案。我们只有知道自己的终极人生目标是什么，才会规划今天要走的路，只有看到未来的目的地，现在的路才会走得更稳。

我为什么要工作？

我为什么要做领导者？

它跟我们的人生有什么关系？

这是女性领导者首先要思考的问题。只有把这三个问题想清楚了，以终为始地去看现在，才会让我们的人生更有价值、更丰满。

再则，当我们知道了自己的终极目标后，再去做职业选择与规划时，就会容易很多。我们的终极目标就像一颗

第 1 章
去掉自我设限，活出自己

"北斗星"，会指引着我们朝它前行。当我们碰到问题时，以北斗星为结果去思考问题，就会找到解决问题的方向。正是这种目标明确的激情会激励着我们不断努力，不断实现自我。

女性的大格局，在于视野的高度。有一年的圣诞节前夜，我突然接到公司的首席财务官（Chief Financial Officer，简称 CFO）从澳大利亚打来的电话。他告诉我公司财务在计算上出了一点失误，使公司的营业收入记账少了 200 万元。这一失误将导致公司利润率不达标。他问我是否可以将我的部门费用预算节省 200 万元。

我一边听着 CFO 的请求，一边在思考着两件事：一是 CFO 在圣诞节前夜找到我，肯定是公司遇到了非常重要且紧急的事情。要知道，圣诞节对于一个外国人的意义，与春节对于我们的意义一样重要；二是我权衡了一下，如果我拒绝了他的请求，那么整个公司的利润率将会不达标，这就意味着公司数千名员工的奖金会受到影响。想到这里，我同意了 CFO 的请求。

CFO 在电话里对我再三表示感谢，我能感受到他的情绪是如释重负的。我之所以能做出这样的决策,最主要的原因在于我当时是站在公司的立场思考问题,当我想到数千名员工会因为这件事拿不到奖金时,决策就会变得容易很多。当然,在做决策时我也想到了减少这 200 万元费用将会影响部门的利益,部门的来年以及未来 3 年的预算基数都会降低。尽管如此,我还是同意拿出 200 万元,因为我知道比起小团队的利益,整个公司的利益更重要。

大河流水,小河有;大河无水,小河干。只有公司发展好了,我们个人才会有更好的发展。女性的性格通常比较细腻和谨慎,这种性格放在工作上,会让我们不自觉地关注细节,关注自己的一亩三分地。我们要学会看得远一点,站在公司利益的高度去思考问题和工作。当我们做决策时,若能跳出小我,站在公司负责人、首席执行官(Chief Executive Officer,简称 CEO)的高度去考虑问题,我们就会发现自己遇到的事都是小事。CEO 关注什么?CEO 关注的是政策、经济环境是否利好,市场发展的趋势与竞争态势如何……

同时,我还发现一个有意思的现象,有些女性不爱看政策、经济方面的资讯。当我们不关心政治,不关注经济趋势，只是关注自己团队的具体业务时，视野就会变得狭窄。我在辉瑞公司做事业部总经理时，每天会强迫自己拿出固定的时间看政经类新闻和分析。看了一段时间后，我惊喜地发现原来对数字不敏感的自己，可以敏锐地记住很多经济数据，而这些数据对于我领导业务、管理团队和做商业决定提供了很大的帮助。

"朝菌不知晦朔，蟪蛄不知春秋"，眼睛能看得到的地方，脚步才有机会达到。人生的高度不仅取决于我们的能力，更多的是取决于我们的视野。

女性的大格局，在于谋略。谋略不是算计，是沉淀智慧，成就自己。

其实，当我们入职的第一天就已经走在了是否成功的道路上。俗话说"40岁之前靠能力，40岁之后靠口碑"，这个口碑就是从我们入职的第一天开始打造的。在职场，大家日常说的某某很勤奋，某某很乐意合作，某某很有领导能力……这些都是我们在工作中给自己打造出来的个人品牌。换句话说，当我们进入职场的第一天，就要开始规划自己的职业生涯，规划自己的成功之路。

职场中的女性有两种态势：一种态势是大多数女性刚进入职场时是懵懂的，漫无目的地在工作，没有对自己的职业做过任何规划；另一种态势是女性在职场中大多处于被动的局面——被领导赏识才能得到提拔，很少有女性愿意毛遂自荐。

我在外企工作时，每年全球 CEO 都会来中国访问。开完一天的工作会，CEO 和高管团队一起聚餐时，中国总经理常会把我安排在 CEO 旁边就座，我当时心里是十分不乐意的，一晚上如坐针毡。但让我感到好奇的是，公司的男性高管们每次都以一种羡慕的口气说："Iris，你又坐在 CEO 旁边了呀……"

这样的事情发生得多了，我也问自己："为什么男性领导者觉得这是千载难逢的机会，而我却如坐针毡呢？"

直到有一天，我看到一位男性领导者绕过餐桌，刻意走到 CEO 身边主动做自我介绍，我才恍然大悟。原来我拥有了和 CEO 交流的时间和让 CEO 了解我的机会。

我的麻木和后知后觉源于我对于成功的欲望不够强烈。男性对于成功的欲望大多强过女性，所以他们看到 CEO 时就想尽快让其记住自己,以便寻求更好的发展机会。而女性一般处于被动状态,领导者问一句,我们答一句,除此之外,恨不得坐在最后一排不被领导者看见才好。

现在回过头来看,那时的我头脑有多简单、多天真啊。要知道,多一次被领导看见,就多一次发展机会。如果当时的我对成功的欲望很强,有谋略,懂得抓住机会,那么我可能会有更好、更快的发展。

成大事者,须谋略,须格局。如果没有谋略,那么我们就无法活成自己想要的样子,无法在职场上获得成功。很多女性把自己的职业发展路径设置成了一条单行线,我倒希望大家把自己的职业发展路径设置成一条"高速路"。这样,我们才能有谋略地思考问题,才能自主地调度和集结所需要的资源,快速抵达目标。

女性领导者不要局限在当下的世界与过往的经验里,要不断寻找突破点,打破边界,打破限制,当我们用大格局思维去谋划我们的未来时,就会打破原来的思维方式和知识结构,找到跨界点和突破口。这时,我们会发现自己是一个既会整合资源,又会在乱象中找到机会的人。

女性培养自己的大格局思维，可以从建立"从大到小，从远到近"的思维习惯开始：

看人时——看全人，看人生，看事业；
看工作时——看公司，看团队，看个人；
看战略时——看未来，看现在，看过去。

假以时日，大格局思维就会成为自己的一个自然习惯。

1.3.2 自如的领导力

在"女性领导力三角模型"的左下角是"自如的领导力"。"管理力"是管人管事的能力；"领导力"是怎样引领他人的能力。"领导力"比"管理力"要高一个层次。

什么是"自如"？"自如"在汉语里的意思是"不受限制的"。对"自如的领导力"，我的理解是当我们成为领导者，无论面对什么样的局面，都能够处理好，无论碰上什么样的人，都能合作好，领导力已经到达了炉火纯青的段位。**"自如的领导力"是女性领导者的最高修炼。**

我有这样的理解，与我的职场经历有很大关系。

第 1 章
去掉自我设限,活出自己

在我的职业经历中,大部分晋升或跳槽都是在接"烂摊子"。比如,前任领导者离职了,让我去继任;或者让我接管一个绩效低、士气不佳的团队等。每次我在接手一个新团队时,都能够很快地提升团队的凝聚力和业绩,建立与团队、合作伙伴和领导的精诚合作……这样的经历多了,不禁也让我思考:这些成功背后的底层逻辑是什么?

这些"不败"记录的背后是自己的领导能力和管理水平已经被磨炼到了"运用自如"的状态。当我们拥有了自如的领导力,不管遇到什么样的公司、什么样的环境、什么样的团队和领导者,我们都能从容应对。所以,我的职业成功背后的逻辑就是自如的领导力。

同时,女性在打造"自如的领导力"上会更有优势。因为女性更愿意打开内心,乐于学习,善于沟通,也善于变通。只要找到好的榜样,女性成长的速度通常会快于男性。

我曾经就职公司的总裁是一个要求非常高的人,批评起人来毫不留情。经常有人问我:"你是如何跟这样的领导者一起工作了五年,还干得这么成功?"

我想，是我很好地运用了变通能力。面对风格鲜明的领导者，我选择了"软硬结合"的合作策略。"硬"是指用结果说话，把业绩做好，持续做到行业第一；"软"是指当意见不同时，我按暂停键来调整情绪。比如，在总裁否决我的决策时，我会收起自己"勇于直言"的沟通风格，避免两个人"硬碰硬"。然后，回去后我会思考：怎样才能和他达成共识？不同的事情我会采用不同的沟通方法。

女性想在事业上获得成功，大可不必把自己变成"钢铁男"，倒不如把女性的天赋和特长发挥好，提升自己的领导能力，达到运用自如的段位，形成自己独特的管理风格。

很多职场女性在一家公司没有得到晋升或好的发展，会给自己找理由说"领导者不给我机会""我与公司的企业文化不匹配""我碰上了难合作的领导或同事"……事实上，这些都在提示我们的"内功"还不够。自如的领导力就是我们身为领导者的"内功"。内功强，即便我们在不同的公司，遇到不同风格的领导者，不同成熟度的团队，我们都有能力带出优秀的团队，交出优秀的业绩。

1.3.3 柔韧的内心

在"女性领导力三角模型"的右下角是"柔韧的内心",它修炼的是我们的内心。

可能会有人提出疑问:"为什么不是强大的内心?"我认为,女性以柔克刚的力量是具有更高能量的,也更符合女性的自身特点。

韩国首位女总理韩明淑曾在她的个人网站"快乐的韩"里提出一个有趣的口号:以温柔的力量改变世界。柔之胜刚,弱之胜强。天下最柔弱的东西,却往往能克服最坚硬的东西。水滴至柔,石头至刚,想要用水击穿石头看上去非常自不量力,然而水滴持之以恒,不舍昼夜,最终滴穿了坚硬的石头。

我在为高管们做辅导时,发现有的女性领导者会刻意男性化——为了让自己表现得更有权威、更有气场,会刻意压抑自己的女性特征,来靠近男性领导者的特质。这样做,反而会磨灭了女性领导者特有的优势。

我自己是偏温和型的领导者,与员工沟通时,我的语气很柔和,即使遇到员工做错事,也不会大声批评,反而会认可他的努力，并一起探讨新的机会或方法。恰恰是我的这种温和，让我和团队一直能够团结一心、精诚合作，屡次拔得头筹，超越了那些由男性领导的团队。女性的优势是温柔和出色的共情能力，这些特点，会让员工感受到温暖和被理解。这是我们管理团队时的一个"武器"，我们要把它用好。千万不要为了显示权威，硬学男性领导者的刚硬和严肃，最后东施效颦。

再来说说"韧"。"韧"是指无论外界环境怎么样，无论我们面对什么样的困境，我们都能坚持下来。女性天生具有很强的韧性，当很多人认为我们做不到的时候，我们的忍耐和坚持反而会让自己走向成功。

我在担任事业部总经理时，有一年公司设定的团队销售业绩指标非常高，要完成45%的业绩增长。当所有人都觉得这个指标不可能实现时，我召开了事业部的业务启动会。在会上，我对一千多名市场和销售人员说："请大家忘掉指标。今年我们的目标就是超越去年的自己！只要超越了自己，我们就会成功。"我的这份淡定和自信感染了整个团队，大家一下子从"无法完成指标"的压力紧箍咒里挣脱了出来，把关注点转移到了"如何超越过去""如何找

第 1 章
去掉自我设限，活出自己

到新的生意机会"上。顿时，整个团队身处一个积极的氛围中，大家都在努力寻找解决方法和创新思路。那一年，我们实现了很多业务上的创新。比如，创建让手术病人全程无痛的"无痛病房"的理念；帮助医院建设"疼痛门诊"等。最终，我们成功完成了 45% 的业绩增长指标，实现了 2 亿美元的销售业绩。

面对如此大的压力，为什么我能扛下来？我想，就是因为女性具备的压不垮的韧劲吧。试想，如果我扛不住压力，与团队一起抱怨，或者自己跳槽了，那么团队就更没有信心完成业绩，这一仗就不战而败了。

温柔既是女性领导者的优势，同时也是劣势。在我接触的女性领导者中，很多人是"柔"多"韧"少。作为女性领导者，我们需要有温柔的一面，更需要有坚强韧性的一面。我们是带领团队披荆斩棘的领头人，在挑战与困难面前，只有我们扛得住，团队才能扛得住。韧性来自锤炼，经历的风雨多了，心理承受力就会增强。女性领导者若能有意识地不断跳出舒适区，给自己些新挑战，假以时日，一定会拥有一颗既柔又韧的内心，支撑自己担起更重的担子。

为什么越到高层,女性领导者的比例越低?以我的观察和经验而言,其中一个原因是女性领导者缺乏"女性领导力三角模型"里右下角的"柔韧的内心"。当我们往上走,要扛起的担子更重,如果没有柔韧的内心,我们就会感到胆怯和恐惧,不敢去承担更大的责任。

"女性领导力三角模型"的三个能力是互相影响、互相借力、互相支撑的。女性在这三个方面的能力越强,获得成功的概率就越高。

> **附加练习**
>
> ### 写下自己未来想成为的样子
>
> 在写之前,我希望你为自己找一个安静且放松的地方,然后深吸一口气,再慢慢呼出。接下来,在脑海中描绘出自己想要成为的样子,并记录下来。
>
> 不要给自己设限,在这个时候勇敢地想象吧。

成功由我
女性领导力的修炼

第 2 章

认识自己，
管理自己

还记得吗,在世界告诉你
应该成为谁以前,你是什么模样?

2.1 认识真实的自己

我给企业高管做辅导时，会问她们3个问题：

第1个问题是：能说说你眼中的自己吗？

第2个问题是：如果现在给你3分钟的时间，你能绘出"自画像"吗？

第3个问题是：你知道在别人眼中的自己是什么样子吗？

大多数情况下，她们在回答以上3个问题时都显得有些局促，鲜少有人能够清晰地回答出来。

苏格拉底说："**每个人都要认识自己，认识自己是我们一生的课题。**"颇有些滑稽的是，我们大多数人一生都在尽力地去了解世界、了解他人，唯独忽略了了解自己。这一点，在女性身上表现得尤其明显——我们关注身边的每一个人，可能是年迈的父母、升迁受挫的丈夫、磕倒哭泣的孩子，也可能是遇到困难的同事、领导和朋友，却唯独忘了关注自己。当然，有的女性也很懂得关注自己，知道自己的喜好，知道自己的优缺点，但我们了解的自己是真实的自己吗？我们眼中的自己和别人眼中的自己是一样的吗？

女性领导者陈群（化名）曾向我讲述了一个"电梯事件"。有一天早上，陈群走进电梯，几个员工跟在她后面。员工在踏进电梯时抬头看到陈群在里面，又退了回去，准备等下一趟电梯。可当时电梯里只有陈群一个人。

这次的"电梯事件"对陈群触动很大。一直以来，她认为自己是一个对待下属很有爱心和很有亲和力的领导者，可在员工眼里，连靠近她都觉得害怕。她不明白，为什么自己眼中的"自己"和员工眼中的"自己"会出现如此大的偏差？

这是因为我们眼中的"我"会被自己的想象、价值观、认知和思维所影响。俗话说"旁观者清，当局者迷"，**我们可能并不如想象中那般了解自己。**

第 2 章
认识自己，管理自己

有人问古希腊时期的思想家、哲学家泰勒斯："什么是最困难的事？"他回答说："认识你自己。"我们可以把"认识你自己"理解为**认识真实的自我，了解真实的自己**。因为最真实的自我往往是最隐蔽的，有时可能还会藏到潜意识里。

我在前面说过：女性的成功之道，是要去掉自我设限。了解了真实的自己，才知道哪些是自我设限的障碍，自己还有哪些尚未使用的潜能。**真正的自我突破，是从了解真实的自己开始的。**

《道德经》里说"知人者智，自知者明；胜人者有力，自胜者强"。能够了解他人的人是有智慧的，能够了解自己的人是高明的；能够战胜他人的人是有力量的，能够战胜自我的人是真正的强者。

2.1.1　认识内在的自己

"Iris，您好，我有一个问题迫切地想得到您的答复。大学毕业进入职场后，我一路过关斩将，成为公司的人力资源经理。如今我 42 岁了，很多人都劝我到了这个年龄，不需要再拼了。但我是一个干劲十足的人,我还有更大的职业目标——成为人力资源总监。这时,我的职业天花板出现了:公司里的高管层95%都是男性,再加上我们这个行业(机械类)也以男性从业者居多,我要如何在一个男性占优势的领域里发挥女性的优势,获得职业上的成功?也许您会认为这个话题有些老生常谈,但这是我现在最大的困境,希望听听您的看法。"

她的问题,其实是一个关于女性如何在职场发挥优势,创造自己精彩职业生涯的话题。

环顾四周,我见过不少优秀的女性,她们在自己的领域里获得了职场或个人事业上的成功。我观察到,她们之所以能够"异军突起",是因为有不输于男性的学识、能力、动力,同时还发挥了女性独有的优势,规避了女性的弱点。

所以,女性要认识真实的自己,先要正确认识女性。正确认识女性是对自己性别的洞察和理解,包括对女性的行为和心理状态的认识,是在认识内在的自己。

从生理结构上来说,中医讲生命之道,女属"阴",男

第 2 章
认识自己，管理自己

属"阳"。"阳"代表事物具有动的、活跃的、刚强的等属性；"阴"代表事物具有静的、不活跃的、柔和的等属性。生理结构的不同，导致了男性与女性在思维方式和行为特点上的不同。

从思维方式上来说，男性以逻辑思维为主，偏理性，喜欢分析、归纳。女性以直觉思维为主，偏感性，喜欢感受、判断和回忆。

女性的感性思维在职场中体现出来的短板很明显。一方面，女性大多很在意别人的评价与感受，或者注重完美，这导致有的女性在处理问题时优柔寡断，常常会出现犹豫不决、缺少主见的行为。另一方面，女性惯有的感性思维，会让其过多关注现在，缺乏对未来的战略思考，从而让女性的职业发展受限。

同时，感性思维带来的同情心泛滥，也是大多数女性的特点。我认识的一位"80后"创业者金玲，她跟我聊过一件事，让我有些啼笑皆非。金玲从成立公司到现在已有4年多了，从没有主动解雇过一名员工。如果有的员工实在无法胜任某工作岗位，她会给他换部门、换岗位，如果还不行，她会把员工推荐到朋友的公司……我问金玲为什么不解雇不合适的员工？她说自己的心很软，担心解雇员工会让他们的心理和生活受挫。瞧，这就是典型的同情心泛滥。要知道，对于一家公司来说，用错了人带来的损失是巨大的。当然这一点，金玲现在已经深刻地意识到了，但也付出了巨大的代价。

感性思维会让女性在职场上遇到诸多瓶颈。相比更重逻辑和左半脑功能的男性，女性更习惯把逻辑与右半脑功能结合起来，把直觉、关系、感觉、体谅等用于决策一件事情中，力求周全。这些短板和瓶颈会让很多人，甚至我们自己都认为，男性比女性更适合做领导者。以我近40年的职场观察和对男女领导者的领导效力、领导行为方式差异的研究结果来看，男性领导者和女性领导者在领导效力上并不存在任何差异。

相反，女性因感性所具有的多元思维在当今时代已表现出了独特的优势。计划经济时代，我们只需要跟着"号召""指令"走就行了，在这种"命令式管理模式"下，男性的单线思维是占优势的。但今天是一个多元的时代，**有效的"激发式管理模式"已逐渐取代了过时的"命令式管**

第 2 章
认识自己,管理自己

理模式"。当这个世界变得多元时,女性的多元思维就有了更大的价值。这样的思维方式会让我们在思考问题、解决问题时更开放、更愿意接受不同,更愿意拥抱改革和创新。

《哈佛商业评论》曾经对 163 家跨国公司做过一项调查,结果显示,拥有更多女性高管的公司,更容易进行改变。女性高管会更喜欢将注意力放在公司内部新产品的研究以及新战略上。

女性的感性思维在如今"以人为本"的企业环境中也表现出独特的优势。女性能考虑到团队人员的情绪和感受,具有同理心。女性天生不喜欢,甚至害怕冲突与矛盾,在处理各种问题时,更容易采用平和的方式来沟通,更愿意站在对方的角度思考问题,这一特点不仅让我们在处理问题时更平和,还让我们更容易与他人合作。

从行为特点上来说,男性是结果导向,注重结果,为了达成结果,男性更清楚自己要付出什么、得到什么;女性大多是过程导向,注重过程,会关注过程中的每一个细节。

以过程导向为主的女性,在工作中一般不会为一个目标轻易许诺，也不愿意扛下巨大的责任或者目标。我们很容易弱化大目标，陷入阶段性的小目标中，关注过程中的每一个细节，力求做到事事完美，人人都满意。这样的行为有时会导致浪费时间和精力成本，甚至无法完成既定的大目标。

但同时，女性的过程导向也会让其在工作中占有优势。"细节决定成败"，善于发现并关注工作中的细节，会让我们把工作做得非常漂亮，减少各种问题的发生。女性的细腻、敏感会让我们感知到周围很多细微的变化。

有一次，因为要了解一个项目，我曾与另一个部门的年轻同事沟通了半个小时，在沟通的过程中，我发现他的情绪一直非常低落。沟通结束后，我立刻找到该部门的副总裁（男性领导者），提醒他留意该员工的情绪和状态。在我的提醒下，副总裁主动找到这名员工，与他进行了深入沟通后才知道，该员工最近和女朋友因为异地闹矛盾了，正在考虑辞职去女朋友的城市发展……副总裁后来向我表达了感谢——如果没有我的提醒，他就没有机会及时帮助这名员工解决工作地的问题，那么他将会失去一名得力干将。

第 2 章
认识自己,管理自己

女性在沟通中会通过对方说话的语气、声音的起伏,甚至一点点的停顿等,感知对方的状态、情绪等问题。这种富于直觉的特性,非常适合做管理。感知越细腻,亲和力越强,越容易让下属追随。

管理大师彼得·德鲁克曾经指出"**时代的转变,正好符合女性的特质**";预言家奈斯比特也提出"**女性管理者是未来组织发展最需要的力量**"。这一切都在告诉我们:**女性做领导者是有优势的**。前提是,我们要自信地认识到女性的优势,同时也知道该如何管理自己的"弱项"。

因为"电梯事件"而认识到真实自己的陈群,后来会主动跟员工嘘寒问暖,把自己感知到的细节与员工沟通……半年后,当员工再看到她在电梯时,会主动进去跟她打招呼,还会分享近期的趣事。

2.1.2 认识外在的自己

当我们认识了内在的自己后,还要认识外在的自己。

我在为高管做自我认知评估时,看到的情况着实让人担忧。有些高管对自己的外在认知偏差很大,既看不到自身具有的独特优势，也不知道自己心底的内动力是什么。即使是在这样糟糕的情况下，她们一路摸爬滚打仍然做到了高管的位置。试想一下，如果她们能早一点对自己有一个清晰和精准的认识，那么她们便会少走很多弯路。

所以，花一些时间，坐下来，对自己做一个客观的自我认知测评吧。根据我亲身经历的测评和给自己团队用过的各种测评工具，我建议大家选择优质的测评工具，请专业的咨询师来帮我们解读报告，虽然会花费一定的成本，但我们得到的帮助一定会物有所值，甚至物超所值。

女性做自我认知测评最好是通过"360度反馈"来认识外在的自己，了解自己的行为表现。什么是"360度反馈"？

"360度反馈"又称"360度考核法"或"全方位考核法"。"360度反馈"包括"自己眼中的自己"和"他人眼中的自己"，"他人"可以是我们的领导、同事、下属、爱人和朋友等。俗话说"当局者迷，旁观者清"，女性在职场中收集来自上级、同事、下级甚至客户等多视角的反馈对于我们发现自我认知偏差进而促进自省是非常重要的，这

第 2 章
认识自己，管理自己

也是"360度反馈"最有效的特点之一。

女性可以运用问卷或聊天的形式向领导、同事、下属、爱人和朋友来获得对自己的反馈。比如，我们可以做一份匿名的调查问卷，设计一些具体的问题，如"你认为我是一个亲和力强的人吗？"回答是从1~10中选取一个度。需要注意的是，女性在做调查问卷时，最好都设计成选择题，比起需要自己输出内容的开放式问题，人们更愿意回答选择题。

"360度反馈"犹如一面镜子，能去掉我们的美颜、滤镜，"照"出真实的自己。很多女性领导者在做完"360度反馈"后，直呼"这是我吗""我竟是这样的人"。当我们认识了真实的自己后，才会想办法发挥优势，规避短处。"80后"创业者金玲后来认识到真实的自己，她之所以在开除不合适的员工时优柔寡断，真实的原因是她害怕与人产生冲突。当她了解自己身上的这一情绪、再次因为开除不合适的员工而优柔寡断时，她便提醒自己，这一决定是为对方好，毕竟留在一个不适合自己的岗位上，浪费的也是他自己的时间。

我第一次给自己做"360度反馈"是在拜耳医药公司做高管的第一年。当时，在拜耳医药公司的高管团队中，中国本土人才比例不高，公司请来英国一个培训机构为领导者们做"360度反馈"。通过这次反馈，我发现自己眼中的我和别人眼中的我是不一样的。在我自己眼中，我认为自己缺乏领导力。而在我的领导、同级和下属眼中，我是一个具备优秀领导者素质，拥有很强领导力的人。

通过"360度反馈"，我不仅了解了真正的自己，还提升了自信和胆量，让我敢于去挑战更高的业务目标——在后来制定药品研发进度计划时，无论是新药的临床试验，还是药品的上市注册时间表，我都大胆地采用了两个时限，一个是标准时限；另一个是最优时限。"标准时限"是国家药监局给出的官方时间表；"最优时限"是把流程中的每一步都优化，提高了效率。在两个时限的共同作用下，所有新药上市的时间都比原计划提前了1~2年，我带领团队在辉瑞公司创下了行业里获得新药批准快、递交资料质量高的口碑。

得益于"360度反馈"，我认识到自己不缺乏领导能力，缺乏的是胆识和自信，而一次次带领团队打胜仗的经

第 2 章
认识自己，管理自己

历，为我的自信心奠定了坚实的基础。在此后 20 余年的高管生涯中，这份自信一直伴随着我，也成就了我在世界 500 强的医药行业头部公司里一直担任高管直到退休，并且退休后还敢于创业。

女性领导者越了解自己，就越容易管理自己和管理他人。我们要了解自己的内动力、价值偏好，了解自己的专业能力是否一直领先，了解自己的领导力是否能胜任今天和未来的工作等。

认识真实的自己是一件漫长且足以持续终生的事情。这个过程是一场终生的自我探索，也是一种终生的学习和成长。

2.2 接纳现在的自己

现在,我们已经领悟到,认识真实的自己能够增加我们未来成功的机会。如果我们认识到了自己的优势,就能在职场中有针对性地发挥它,那么我们获得成功的可能性就会更大。如果我们认识了自己的短处,在职场中就会更加留意、尽量规避它,那么短处在我们成功道路上的阻碍就会越来越小。

当我们认识了真实的自己,接下来,我们要接纳现在的自己。为什么要接纳现在的自己呢?原因是很多女性在认识自己后,意识到自己刚进入职场,或刚成为一名领导者,自己的能力还不够强,业绩还不够出色,做领导者还缺乏领导力等缺点,于是产生自卑、焦虑的情绪。这不是"认识真实的自己"的本质,"认识真实的自己"的本质是扬长避短,成为更好的自己,而非发现自己的弱点后自惭

第 2 章
认识自己,管理自己

形秽。为了避免产生这样的情况,我们要接纳现在的自己。接纳自己的好,也接纳自己的不好,接纳自己的光明,也接纳自己的"黑暗"。

我刚成为企业高管时,常常因为没有达到自己想要的"全面开花"的预期而感到焦虑不安。于是,我开始否定自己,质疑自己是否选择错了,是否不应该承担领导责任……直到有一天,我在院子中看到一棵自己几个月前随手插的月季,竟然长出了很多花苞,那一刻,我突然醒悟,成长是需要时间的,与其沮丧地纠结于"尚不理想"的自己,不如全然接纳现在的自己。就像我随手插的月季,它从长出新芽到长成新叶和孕育出花苞需要时间的积累,我需要做的只是"静待花开"。

或许看到这里有人会说:那我就不需要努力了?当然不是。我们要学会的是接纳现在还没有成功或不那么成功的自己,而不是放弃自己。

接纳现在的自己,我们需要做两件事:

- 接纳和认同现在的自己——我不完美,我敢于承认。
- 做真实的自己,不要尝试做一个背离自己个性的"假我"。

2.2.1 敢于承认自己不完美

"完美的女人",也许是女性遭遇的最大陷阱。在各类信息中,我们总是能看到或听到这句话,人们也习惯用这句话来表示对于一个女性最高的评价。这句话原本是想表达女性的理想状态,更多时候,却成为我们心中的"执念"。

每个女性都希望自己集"容貌、气质、才华、能力、温柔"于一身,不过,我要直言不讳地告诉大家一个残酷的真相:这个世界上不存在完美的人,只有接近完美的人。如果一个人敢断言:"我是一个完美的人。"那么可能是她(他)没见过比自己优秀的人。

试图把一切都做到完美,是女性接纳自己的天敌。从孩童到成人,我们会接受各种各样的测评,100分就是完美的代名词。如今,随着成功的"女性榜样"越来越多,再加上各种媒体也在鼓吹着"完美"——完美的"A4腰",完美的"兼顾工作与家庭",完美的"上得厅堂,下得厨房"……这让本就具有完美主义情结的女性背负了自我实现的多重责任和压力。

第 2 章
认识自己,管理自己

很多职场女性都或多或少地带有一种"完美主义"的特质。我们总是希望把一切都做得很好,既能让自己的家庭美满幸福,也能在职业上获得成功。一旦其中一个没有达到自己的期望,我们就有可能"剑走偏锋",只选择其中一个——要么从职场完全退回家庭,要么完全投身于职场。

尽管我认为家庭与事业不是"二元对立"的关系,而是相互成就的关系,但我们也要意识到,同时把家庭与事业做到"完美"是自己给自己设立的苛刻标准。我们能做的是,在家庭、事业上尽量地合理分配自己的精力,以"要事为先"的原则,把时间和精力放在那些重要且紧急的事情上,用高效率来平衡自己的多重责任。

花有开落之时,月有盈亏之期。纵然是沉鱼落雁、闭月羞花的四大美女,也有大脚、削肩、耳下、狐臭之憾。即使如此,也难掩佳人倾城之态。再完美的人也有缺点,我们要接纳现在的自己,接纳不完美的自己。就像加拿大诗人莱昂纳德·科恩说的:"万物皆有裂痕,那是光照进来的地方。"

在职场中,对于完美的追求或许是让女性在今天获得些许成就的动因，但这种执念有时也会妨碍我们追求更大的成功。我之所以会这么说，主要有这样几个原因：

一是过度苛求完美会让女性专注于每一个细节，无法"抬头看路"，缺乏对未来的战略布局。很明显，后者才是一个高层领导者更需要做的事。

二是过度苛求完美会让女性陷入消极的思维怪圈里。很多女性认为只要工作不出错，把每一件事都做到完美，就会给自己带来职业上的成功。虽然女性更适合做一名领导者，但这种过度苛求完美往往会把自己搞得精疲力竭。我经常看见一些很优秀的女性因为一点点小错而耿耿于怀，自责不已，失去干劲儿。

纪红是一家外资公司的公关经理，她专业能力强，智慧超群，能够熟练运用四国语言，为公司做出过巨大的贡献，是同事眼中的"完美员工"。2021年，公司在挑选公关总监时，业绩突出的她自然而然成为这个岗位的候选人之一。然而，最终她却与这个高层领导职位擦肩而过。

当公司在向大家征集对两位公关总监候选人的反馈时，大家对纪红的反馈出奇地一致：工作能力强，但对下属要

第 2 章
认识自己，管理自己

求极其严格，不能容忍一丝的错误，缺乏全局观影响了团队向前发展。

其中一位下属这样写道："只要做纪红的下属，永远不可能放松下来。她不能容忍任何细节的不完美，哪怕 A4 打印纸上出现一个黑点都不行。另外，在会议上畅所欲言也是一件很困难的事，如果我们发言的逻辑不对，她会用十几个理由来否定我们，到最后，我们灵光一闪的点子只能变成一场灾难。这也限制了部门的创新能力，我们的公文方案永远是中规中矩的，因为这样至少不会犯错。"

纪红可能是一个"完美"的员工，"完美"的中层领导，但却不是一个"完美"的高层领导者。她的过度追求完美，使自己失去了职场晋升的宝贵机会。苛求完美会让人专注细节，但在公司看来，这一点恰恰会令人担忧她是否是一个只看到眼前，无法看到未来的执行者，是将才但非帅才。对于高层领导者来说，战略比细节更重要。

领导顾虑、团队忧虑、自我焦虑，纪红的落选看似偶然，实则必然。

纪红的例子并不是一个孤例。事实上，我自己也曾因为苛求完美而深受其害。在我 50 岁之前，跟我共过事的同事对我的评价是"Iris 对工作要求很高，跟着她能学到很多东西"。我也一直以此为骄傲。直到我病倒，躺在北京协和医院的病床上，生死一线之际，我才反思自己多年追求高标准到底值不值。

为了每一项工作的完美，为了追求最好的成果，我放弃了自己的休息时间、娱乐时间、会友时间、陪伴亲人的时间，成为只会工作的"工具人"，直到身体无法承载超负荷的工作量而病倒。我曾经引以为傲的认知，在生命出现危险的时刻被颠覆了。那一瞬间我猛然惊醒：自己活着的意义竟然在日复一日的忙碌中被忘记了。

人活着，是来体验生命的美好，快乐地享受生命，让自己的生命与他人的生命连接，获得更多的美好。工作只是人生的一部分，它是帮助人成长的平台。可是我把这个平台当成了舞台，穿上了那双停不下来的红舞鞋，把自己"跳"进了医院。

大病康复后，我接受了一个访问，采访者问我这场大病给我带来了什么？我回答："价值观的改变。"以前我以无限度地"燃烧"自己为使命。可是在病危时，当我看到家人们担心、伤心又隐忍的眼神，我发现了自己的自私。病后休养时，我读了《老子》《禅宗》《黄帝内经》，先贤们的智慧让我对生命有了全新的认知。生命可以承载我们的梦想，但不可以无限度地消费。人最长的生命只有两个甲子，如何聪明地使用自己的生命，让长寿和享受生命之美好并存，是每个人都要好好思考的问题。我们应该如何定义自己的使命？定义清楚了，就会知道什么事我们会有所为，什么事会有所不为，而不是凡事都"all in"（全身心投入），直到"burn out"（燃尽自己）。

生病痊愈后，我从无极限地追求完美里走了出来，放下了对自己的苛责，开始了崭新的"接纳自己"的人生。只有接纳不完美的自己，放下内心的"完美"包袱，才能轻装上阵。这时，我惊喜地发现，自己的心态和状态都发生了改变。我开始从容地做任何自己不太擅长的事情，对下属也变得更加包容。同事们一致反馈说喜欢我的淡定、宽容和工作上的高标准。我比原来放松了许多，而团队业绩却更加出色，可想而知，我后来的职场之路走得比原来轻松了很多。

不管是纪红的故事，还是我的故事，都在告诉大家：接纳现在的自己，敢于承认自己不完美。当我们不接纳现在的自己时，内心会产生两股力量，这两股力量是彼此对抗的。一股力量会告诉我们"要干这件事"，另一股力量会质疑我们"我能干好吗"。这个过程是作用力与反作用力的抗衡，它是耗能的，1－1＝0。而接纳自己，承认自己的不完美，能让我们在能量上从耗能变成赋能。**赋能就是"我想做，我还能做得好"**。这会让两股力量形成合力，产生1+1＞2的效果。

当然，我并不是完全否认完美主义。事实上，在职场中，合理地追求完美是我们获得成功的法宝。在接纳现在的自己的基础上去提高对自我成长的期待是有益的，这可以促进和推动自己进步，突破自我局限，获得更多的成就。

借用电影《黑天鹅》里的一句话，送给正陷入"完美主义"情结的女性朋友们：

"完美不是控制出来的，是释放出来的。"接纳自己，绽放自己，我们就是完美的。

2.2.2 做真实的自己

信息时代,关于"女性如何获得成功"的声音不绝于耳,只要我们想看,任何时间、任何地点,我们都可以看到成千上万条建议,教我们如何经济独立、如何精神独立等。其中不乏一些实用的方法,比如如何与客户谈判、如何与领导相处等。在这里,我想跟大家分享的是在使用这些方法之前,不要忘了非常重要的一环:做真实的自己。

什么是真实?"真实"的意思是与客观事实相符。"真实"最大的特点是:不伪装。

我在给高管授课时曾问场下的听众:"谁想拥有一辆法拉利?"这时,男性领导者会纷纷举手,掷地有声地说"我想要"。而大多数女性领导者,往往不会举手。然后,我走到几位女性领导者身边问:"你们真的不想拥有一辆法拉利吗?"有位女性领导者小声地回答:"我想要。"

"如果你想要,为什么不像儿时那样,大声地说出自己的想法呢?""是什么阻碍了自己?"我向现场的女性领导者提出了这样的问题。

还记得小时候我们是怎样真实地表达自己所想吗?"我

喜欢""我不愿意""我可以"这些张口就来的表达，随着年龄的增长，越来越少。不知从什么时候开始，我们远离了那个真实的自己，我们学会了掩藏、夸大、勉强，学会了对自己言不由衷。

为什么我们不敢表达真实的自己呢？

对于女性而言，做真实的自己，意味着要相信自己天生具有做女性领导者的优势，相信自己的能力，相信自己的一切。培养这种思维，对于很多女性来说是很困难的，甚至是可怕的，我很能明白这种感受——展现真实的自己，意味着我们可能被质疑、嘲笑、批评等。

我曾经辅导过一位女性领导者一梅，她给我分享了一件令她很"难为情"的事。

一梅现任一家上市公司的销售部经理，她一直对现在的职位感到诚惶诚恐，原因是自己没上过大学。一梅在高中时，因为家庭缘故辍学开始工作。她做过很多工作，生产线工人、小时工、服务员等，后来靠着自己出色的口才进入一家公司做一线销售员。当时，这家公司还只是中小企业，处在产品销售不出去的瓶颈期。一梅加入这家公司后，除了睡觉、吃饭，所有的时间都放在工作上。她很喜欢这份工作，看着公司的产品被自己销售出去，她感到特别满足。

就这样，她在这家公司工作了十五年，从一线销售员一步步晋升为销售部经理，公司也越做越大，直到现在成为上市公司。现在公司正在考虑晋升她为市场总监，但她对此更多的是焦虑。每每听到"学历"两个字时，她就有些不安，害怕下属、领导知道自己的学历，尽管现在的她通过自学已经获得了本科学历。

一梅为什么会为学历这件事感到"难为情"呢？其实，她是不敢面对真实的自己，她对当年的辍学一直感到沮丧和丢脸，谈到学历，她会担心大家知道她曾辍学而对她的现在产生怀疑。我问她："你喜欢现在的自己吗？"一梅回答："喜欢，职业上获得的成功，让我感到非常满足、快乐。"

"如果没有那一段辍学的经历，会有现在的你吗？"我接着问她。

"……应该没有吧。"一梅回答道。

"辍学是你人生道路上宝贵经历的一部分，这就是你的经历，是你独有的。正是这样的经历让你有了现在的人生轨迹和职业成就，是这样吗？"

"是的，还真是这么回事儿……"我看到一梅眼中亮了起来，脸上也露出了笑容。

后来，一梅给我发来信息，说在一次大会上，她与公司所有人分享了自己的成长经历，包括高中辍学这件事。让她意想不到的是，当她分享完以后，会场上响起了雷鸣般的掌声，大家都向她投去敬佩的目光。

从此，一梅不再为高中辍学这件事而感到难为情，而是敢在任何合适的场合分享自己的这段经历。现在的一梅会说："做真实的自己，不用伪装和掩藏，这种感觉真好。"

是的，像一梅一样，对于很多女性而言，做真实的自己很可怕。我明白这种感受，摘下自认为应当呈现的"完美面具"，我们会变得没有安全感。但同时，摘下面具也给了我们一个接纳自己的机会，让真实的自己被接纳、被倾听，也让其他人有机会与真实的我们建立联系，这种感觉非常好。

第 2 章
认识自己，管理自己

我在前面说过，我所做过的每一件事情里都倾注了真实的自己。我写这本书是我真实想做的，在这本书里，我一直在分享真实的自己。坦诚地讲述真实的自己，是我与大家建立真正连接的一种方式。如果我不愿意向读者敞开自己，写作又有什么意义呢？

女性在职场之所以不愿做真实的自己，除了上文中所说害怕被质疑、嘲笑等，还有一部分原因是怕得罪人。我曾经辅导过的一位女性高管周群（化名）就有这样的烦恼。周群的领导喜欢打高尔夫，周末经常会约公司的高管一起打球。但周群对打球没有任何兴趣，每次收到邀约时，尽管内心里一百个不情愿，但表面上还是欣然同意了。在周群看来，拒绝领导邀请是一种不合群的表现，不仅会让领导难堪，甚至还有可能得罪领导，导致自己在职场中受到排挤或在工作中受到刁难。

我能理解周群的困扰。之前的我也曾经害怕得罪人，而违心地参加公司外籍高管的活动。结果在活动现场，当外籍高管们在一起热火朝天地聊周末的体育赛事时，我就像一个"局外人"一样，站在旁边，插不进去一句话，场面尴尬无比。后来，随着我的认知提高，我开始做真实的自己，凡是我不喜欢或是无效的社交活动，我会在感谢领导盛情邀请的同时，委婉地提出拒绝。如果是我觉得有意义的活动，我就会以饱满的热情和积极的心态参与进去，与领导和同事们一起享受假日的欢乐时光。当我开始做真实的自己后，我发现自己活得很轻松，最重要的是，我与领导、同事们的关系也没有因为我拒绝活动而变得生疏，反而更加融洽。

我把自己的这些做法和经验分享给周群，并告诉她：**我们越真实，越能释放出潜能，超越自己。**

那么，女性要如何做真实的自己呢？当我们要展示自己时，如何克制从心里冒出的自我怀疑？在开会时，如何避免言不由衷？在面对职场晋升时，如何才能轻松做自己？怎样才能把那些害怕公开的事情说出口？

答案很简单：说出自己真实的想法。

在职场中，如果我们想得到高层领导者的职位，那么可以真实地向领导者反馈我们的想法；如果我们不想参加某个活动，那么可以直接拒绝；如果我们不喜欢某个人的做事方法，那么也可以开诚布公地告诉对方……

第2章
认识自己，管理自己

回忆我的整个职场生涯，很多次晋升的机会都是我主动向领导者提出来的。比如第一次做主管，是我主动向领导者请缨的。当时的总经理彼特跟我说："我很赏识你的勇敢，但可能另外一个更资深的员工也会有此想法，我会评估之后为团队找到最合适的领导者。"后来，我成了主管。原因是另一个比我资深的同事没有找总经理提出自己想获得晋升的想法。如果他能主动提出来，我想，他做主管的机会将远远大于我这个才来公司一年的新人。

有了这一次成功的经历后，我越发认识到说出自己真实的想法的重要性。后来不管是我到哈佛大学去学习，还是到爱尔兰大学读药学硕士学位，或者到欧洲工商管理学院学习女性相关课题等，都是我主动向领导者说出自己真实的想法后得到的机会。

瞧，做真实的自己其实很简单，只需要我们说出自己内心真实的想法。我们可以从"广度"和"深度"两个维度来让自己获得做真实自己的底气。

"广度"是指增加见识，我们可以通过阅读各种类型的书，认识不同的人，去不同的地方拓宽视野。当我们做到了见多识广,就不会只接受一种声音、一种价值观,而是遇事会从多维度思考,会找到更多解决问题的办法;"深度"是指不断地积累自己每一个小的成就,成就积累得越多,地基就越深。

  从现在开始,接纳自己,去和真实相遇,做自己的"缪斯女神"吧。

2.3 升级未来的自己

相信很多人都听过一句话:废掉一个人的最好方式,是让他闲着。但我更想说:**废掉一个女性的最好方式,是让她忙到没时间升级。**

25 岁初入职场,每天两点一线,看似忙碌,但做得最多的是重复性的工作,没有时间思考如何精进;

30 岁步入婚姻,工作、家庭两边忙,每天被无数琐事羁绊着,连静下来喝杯茶的时间都没有,更别说学习升级了;

35 岁、40 岁,工作、孩子两手抓,筋疲力尽,心力交瘁,职位却停滞不前,只能眼睁睁地看着比自己年轻的"后浪"超过自己;

50岁、60岁，肩挑重担，却面临更年期的困扰，出一次差回来需要缓两天才能复原。

这是不是大家现在的状态？我们可以问问自己：过去一个月或一年的时间里，我们有多少时间用来学习？我们为未来的自己做了哪些升级？

在这个快速更新迭代的时代，每个人都很忙碌，尤其是职场女性，上班忙工作，下班忙孩子与家庭。对于职场女性，我从来不担心她们太闲，我更怕她们太忙，忙到没时间升级。**越忙碌，越"退步"**。因为在马不停蹄的忙碌里，我们只是在消耗自己原来的积累，并没有为自己"增量升级"。

如果我们已经做到了前面内容里分享到的"认识真实的自己"和"接纳现在的自己"，那么我们就要走到下一步——规划和**培养自己的未来能力**。

所谓培养自己的未来能力，是指未来那个成功的自己所需要的且需从现在开始积累的能力。比如，我们现在是一个小团队的主管，职业追求是成为中层领导者，那就要弄清楚中层领导者需要什么样的能力，需要拥有什么样的视野和思维方式……我们从现在开始就要为未来的自己培养这些必备的能力。

我把培养自己未来能力的过程称为**升级未来的自己**。女性在职场上的成功之路，犹如打怪升级，我们只有积蓄足够的能量，储备足够的能力，才能一步步从普通的职场女性升级为领导者、中层领导者、高层领导者，获得职业上的成功。

2.3.1 持续的增量升级

我的一位下属名叫凯西，她是公司的高级总监。凯西在工作上很努力，经常下班后留下来加班，周末她也主动给自己增加工作量以更快地推进工作。按理说，作为她的领导，我应该很喜欢这样的下属。但我总是担心她忙到没有时间升级自己，我经常告诉她要注意休息，要抽出时间来自我升级。

当时的她不以为然，后来在一次晋升竞选中，公司的高层领导者给她的反馈是她的专业能力非常强，但视野局限，缺乏战略思维和宏观思考，尚不适合担任公司的高层领导者。

这次的失败让凯西倍感委屈,她找到我哭诉,我问她:"你有多长时间没有静下心来看书学习了?有多久没有更新自己的知识结构了?你对自己的未来是否有清晰的规划?"她沉默了。我向她分享了自己的习惯:无论多忙,我每天都会拿出固定的时间学习,大量地阅读、听课,哪怕出差也不会改变。这样做的目的是确保我的知识结构一直能与时俱进,我的视野和高度一直与行业先锋保持同一水平。

我建议凯西去 CEIBS 读 EMBA,扩大自己的见识和视野,同时可以与来自各个行业的优秀的同行共同学习,了解时代的变化、科学的进步、市场的趋势和政策的导向等。凯西欣然接受了我的建议。一年后,读完 EMBA 回来后的凯西焕然一新,不仅视野开阔了,格局也提升了。如今的她已经成为一家外企的高管,并且还在为未来持续升级。

废掉一个人最隐蔽的方式就是无休止的忙碌,因为我们会觉得自己的每一天都特别充实,每天都干了很多工作。

第 2 章
认识自己，管理自己

升级是一种习惯，如果我们每天都忙到没时间升级自己，最终也会习惯了每天不升级的状态，毕竟升级是一件要付出更多，或者额外努力的辛苦事。时间一长，我们就会在自己待习惯了的舒适圈里"躺平"，丧失了升级的能力。这就是为什么很多女性在职场 5 年、10 年甚至更长时间不能晋升的原因之一。

曾经有一个员工找到我，问我："Iris，我有 15 年的工作经验，为什么公司一直不晋升我？"我问她："你是拥有 15 年的不同经验，还是同一个经验你用了 15 年呢？"

我们大多数人都在做重复性的工作。比如，一名人事部的招聘官每天面试都要跟不同的人重复同样的话术；一名客服每天都要解答数百个同质化问题；一名财务人员每个月要重复制作月报表……重复、单一的工作，对我们升级的边际贡献越来越低，还很有可能某一天被人工智能机器人所取代。所以，**一个人若想在职场里持续上升，就需要有持续的增量升级。**

我经常能看见很多有天赋且工作勤奋的女性在职场上能够很快地晋升为中基层领导者，遗憾的是，她们常常

"卡"在这个位置上久久不能再向前一步。有的人会安慰自己:"我能做到这个位置已经很不错了,我只要把自己现在的工作做好就可以了"……但当她们看到很多同年进公司的人的职位渐渐高过自己,看着"后浪"得到了炙手可热的位置后,心里其实也是五味杂陈的。

如果我们也遇到了同样的问题,那也许是我们太专注于自己眼前的工作,无暇顾及规划自己未来的蓝图,没有为自己的未来做必要的准备。也许我们没有让自己多"露脸",以至于公司在考虑晋升名单的时候想不起我们的功绩;也许我们还没有建立自己的影响力,让更多的人愿意追随自己……这些都会让我们长期以来的努力在晋升竞争中化为"泡影",没有发挥出应有的价值。

或许有的职场女性对升职真的没有任何期望,且乐于在现有岗位上发光发热,但"安于现状"也会成为阻碍自己发展道路的一块绊脚石。如果我们在一个职位上长时间不能晋升,不仅会阻碍我们对自我价值的判断,无法发挥自己的潜质,更糟糕的是,这样的状态会让别人认为:我们没有意愿承担更大的责任,或不敢挑战自我去获得更高的职位。

第 2 章
认识自己，管理自己

所以，无论多忙，都别放弃自我的增量升级。**升级未来的自己，一定是贯穿我们整个职业生涯的，甚至是一辈子的事。**

既然增量升级对于女性如此重要，那么什么是"增量升级"？"增量"一词在不同的领域中，具体的含义需要结合该领域的相关知识来解释，抽象出来的"增量升级"一词的含义可以概括为持续不断地迭代、升级自己的知识和能力。

女性要如何进行增量升级呢？

女性增量升级除了每天挤出时间学习和向身边的高手"见贤思齐"之外，还有一种更高效的方式，就是换岗、轮岗、跨界（跳出原来的职能）、跨（工作所在的）区域。

我认识一位女性陈程（化名），她在一家公司工作了 15 年还没有得到晋升。最大的原因就是她 15 年里只是在做重复性工作，没有做任何增量升级，导致她的职场发展路线是一条长长的"单行线"。如果陈程能在 15 年里通过换岗、轮岗、跨界、跨区域等方式做三种不同的工作，那么她的职场发展路线将会从"单行线"变成"三条线"，她就会拥有更多的选择机会和职场核心竞争力。

女性增量升级的方式越多元化，对升级的边际贡献就越高，升级迭代的速度就越快，也就越容易获得成功。我们正处于一个飞速发展的时代，科技的进步更是日新月异，每个人都被裹挟着被动升级。即使我们现在能力再强，如果停止了增量升级的脚步，很快就会被别人赶超或淘汰。

当然，我们升级的速度是因人而异的，并非所有人都能迅速升级。不要着急，我们可以遵照前面讲过的，接纳自己，做真实的自己，按照自己的节奏去升级自己，最后静待花开。

《女王的教室》中有这样一句话："只要还在学习，人生就有无穷的可能。"这句话说得很好：我努力，是为了让今天的自己比昨天的自己更加优秀一点。一个人若拥有终身升级的意识，那么她的成长和进步将永不停止。

2.3.2 成为"王者"

既然说到"增量升级"，那么女性要升级什么才能成为领导者、获得职业上的成功呢？

第 2 章
认识自己，管理自己

一个女性要想获得职业和个人事业上的成功，需要完成内在和外在的双升级，缺一不可。内在的升级包括知识结构、认知水平、思维方式、情绪管理能力、工作上的专业能力、带领团队的领导力等；外在的升级包括语言表达、行为举止、专业形象等。这些需要升级的地方会在书里的其他地方详细分享，这里我着重分享一下女性如何升级自己的思维模式，因为这是女性成功的底层逻辑，希望能够帮助更多职场女性在职业升级的道路上走得更加顺遂。

职场道路千万条，思维转变第一条。要获得职业上的成功，我们要从过去的直线式思维升级为多元化思维。只要我们善于观察，就会发现在职场上跃迁快的人，他们的标签不仅是"勤奋"，更是"脑子灵活""有智慧"。除了极少数人有天赋外，大多数优秀职场人和普通人的区别在于他们的多元化思维方式。

什么是"多元化思维"呢？

基于过去我们所受的教育，使得我们习惯于"直线式思维"。直线式思维，通俗地说，就是以 1—2—3—4—5 的逻辑顺序进行思考。所谓"多元化思维"，就是改变我们的思考方式，不仅仅局限于1—2—3—4—5的逻辑顺序，可以打破顺序，改变维度，从多方面进行思考。用一句话来解释"多元化思维"的定义就是：多元化思维是从一个角度的直线思维，变成了360度（三维立体）无盲区的多维度思维。

多元化思维与直线式思维最大的区别在于：多元化思维不局限在自己现有的专业领域、知识、身份、环境中思考问题，而是跨行业、跨文化、跨专业、跨时空地思考问题，发掘自己的创造力。直线式思维就像我们开车行驶在高速公路上，只能从一个规定的出口驶出，如果这个出口被堵上了，我们就无法出去了。而拥有多元化思维的人，发现高速公路上的出口被堵上了，也可以找到其他的出口。

科学上的很多发明创造都与多元化思维有关。同样是被苹果砸到，有的人只是摸了摸被砸痛的头，而牛顿却在思考苹果为什么会落在地上，由此发现了"万有引力定律"。

女性要如何培养自己的多元化思维呢？我分享三个有效的方式。

第 2 章
认识自己，管理自己

一是通过参加行业会议、论坛，听取他人分享的观点和经验，学习各种各样的实战案例，听取前辈和同行交流等。当我们敞开心扉，听取他人的建议或观点时，我们就已经开启了培养自己多元化思维的升级之旅。

二是多读书，扩大视野。只有我们掌握了更多的知识体系，在面对问题的时候才能快速地运用头脑中的各个领域的知识去分析和判断，不再孤立地看待事物。

三是多争取换岗、转岗，甚至跨界的机会，扩大自己的认知圈，提升自己的思维维度。因为不同的职能岗位所需的思维方式是不同的。

我刚开始在公司做高管时，视野很窄，思维也有局限。为了培养自己的多元化思维，我开始读各种不同的书籍。其中一本名叫《杰克·韦尔奇自传》的书对我影响很大，这本书帮助当时的我跳出了做管理和个人成长上的直线式思维模式，让我遇到问题时，开始尝试从不同的角度思考解决问题的方法，并取得了不错的成绩。我把这本书推荐给大家。

培养一个习惯需要我们重复尝试去做，同样的，培养多元化思维也需要我们重复去尝试。所以，一时做不到，改变缓慢且反复，不用苛责自己。我们需要从固化的直线式思维模式中"爬"出来，把主观世界与客观世界不一致的东西，放到我们的身体和意识里，自我解构，自我重建。

最后，我们一起来回顾一下本章的内容，女性要想打破职场上的"天花板"，需要走好"三步"：认识真实的自己——接纳现在的自己——升级未来的自己。

> **附加练习**
>
> **认识自己，找到最真实的自己**
>
> 每天晚上睡觉前用10分钟的时间安静地冥想。冥想的做法很简单，闭上眼睛，清空大脑，专注在自己的一呼一吸上。(可以想象自己的左侧鼻腔里有一个小球，"看"它如何随呼吸而动。)
>
> 冥想既可以在静思中接触到最真实的自己，静中生慧，同时也可以有意识地训练自己专注在积极的、肯定性的想法上，做自我肯定和能量提升。比如，"我很好""我有带团队的能力"。

成功由我

女性领导力的修炼

第 3 章

自如领导力的四项修炼

提升领导力,是每一位女性领导者需要长期修炼的必修课。

3.1 第一项修炼：战略思维能力

当我们从一名普通员工成长为一个团队的领导者时，领导力就成了我们必备的一项基本能力。提升领导力是每一位女性领导者需要长期修炼的必修课。"领导力"涉及的内容很广，在本章中，我将分享对女性领导者特别重要的四项领导能力，这也是自如领导力的四项修炼。

女性领导者需要修炼的第一项自如领导力是战略思维能力。

我一直在思考："女性领导者要管理好团队，管理好自己，最需要拥有什么思维？"当我为诸多女性领导者做完辅导后，我找到了答案。我在做辅导时，通常会问她们："公司的战略是什么？"大多数人是不知道的。有的人会回答："战略是公司的事，我执行好公司的战略就行了，我的部门不需要战略。"

女性领导者的职业和事业成功之路往往就"卡"在了这里。缺乏战略思维，只顾埋头拉车，到最后我们可能"竹篮打水一场空"。战略思维既是女性领导者的必需品，又是"奢侈品"，它代表了一个人的思维高度与智慧层级。

3.1.1 战略思维修炼的两个维度

我在拜耳医药公司工作时，有一次公司的业务计划审核会正在讨论一项新业务的推广计划，我与另外一位女性领导者都支持"先做试点，然后再在全国推广"的方案，而在场的80%男性领导者都支持"立刻在全国推广"的方案，为此我们发生了激烈的争论。我们的理由是"立刻在全国推广会存在风险"，男性领导者的理由是"虽有风险但可以提升公司的竞争力"。在争论中，一位男性领导者说："你们能不能用战略思维思考这个问题？"

最后公司采取了男性领导者的方案，理由是当前公司主要业务的市场份额已经到顶，很难出现新的增长，如果公司不拓展新业务，那么可能在 1~2 年内就会被竞争对手赶超。事实证明，男性领导者的方案是对的。两年后，公司新业务的飞速增长，让其保持了行业的龙头地位。这也让我看到了自己当时的思维模式是站在现在看未来，尚不具备站在未来看现在的高度和远见。

时隔 20 余年，那位男性领导者说那番话的情景仍然历历在目，让我时常自查：我是否具备了一位领导者应有的战略思维能力？

那么，什么是战略思维呢？

用一句话表达：**战略思维是思考问题时能站得高、看得远，有全局视野的一种思维方式。**

下面我举一个生活中常见的趣味性较强的例子，让大家能够迅速地理解战略思维的特点和价值。

不管是男性，还是女性，择偶标准可谓"仁者见仁，智者见智"。对于一位适龄女性来说，择偶时男性到底应该满足什么标准？面对众多追求者，在时间和精力有限的情况下要用什么样的标准做初步筛选？什么样的人可以重点培养，什么样的人需要敬而远之……

缺乏战略思维的女性在择偶时，大多抱着随缘的态度，结果在婚姻中出现问题的概率会大很多。比如，一个固执的人，选择的另一半也是一个固执的人，那么婚后的生活大概率会"鸡飞狗跳"，因为两个人都不会妥协，使得彼此能量被严重消耗，身心俱疲，双方都得不到婚姻本该给自己带来的温暖和彼此滋养的价值。

有战略思维的女性在择偶时，会从未来思考择偶问题，从对方的成长环境、家庭背景、人生经历、教育背景、性格特点等考量，判断什么样的性格、价值观和人生观的男性与自己是兼容和互补的，这样两个人的婚姻生活大概率会和谐，因为他们在一起更容易相互理解，互相成就，彼此扶持，产生一加一大于二的效果。

有战略思维的女性在择偶时会站在未来看现在，缺乏战略思维的女性在择偶时会站在现在看未来。通俗地说，在决定怎么做之前，有战略思维的人会先想"为什么要这样做？"他们可以做到既能低头拉车，又会抬头看路。

有句话说"再大的烙饼也大不过烙它的锅"。能否烙出满意的"大饼",完全取决于烙它的那口"锅",而能否意识到应该选择多大的锅,以及它能烙出什么样的饼,就取决于战略思维。令人惋惜的是,有的女性由于过度关注细节和过程,缺乏战略思维,不敢也不愿为未来做规划和思考,这也是女性领导者很难获得高层职位的原因之一。

女性想要拥有自如的领导力,想要获得职业和事业上的成功,就要修炼自己的战略思维能力。女性如何修炼自己的战略思维能力呢?我分享两个简单实用的方法:读经典和练习思考模式。

一、读经典

战略思维的智慧在哪里?答案就在经典。经典是先贤的思想源泉,读经典就是在和智慧的先人对话。

经典记载的是人类在某一模块知识的最佳思考和最佳实践,这些对于我们后人而言是值得传承和借鉴的,它能真正帮助我们少走弯路,获得有效的生存智慧。人类的每一次创新,并非空穴来风,而是站在巨人的肩膀上,才拥有了新的思考。比如,《孙子兵法》中从"百战百胜,非善之善也，不战而屈人之兵，善之善者也"的战略思想到"求之于势，不责于人"的具体管理方法；从"知己知彼，百战不殆"的自省到"以己不败，待敌之可败"的人生格局，许多观点都可以重构我们的思维模式。

我们在读经典时，有两个注意事项：一是应反复阅读，只有反复阅读，我们才能真正吃透和消化经典；二是应复盘和分析，我们要对自己或他人的实战案例进行复盘和分析，反思自己的每一场实战，这个过程就像"照镜子"，要每天进行，这便是曾子所说的"吾日三省吾身"。只有做到这两点，我们才能在经典中获得战略之道，在阅读中形成自己的战略性思维。

二、练习思考模式

修炼战略思维能力的第二个方法是刻意练习思考模式。如何练习？

女性领导者可以用"黄金圈法则"来练习自己的思考模式。"黄金圈法则"是营销专家西蒙·斯涅克提出的，核心是要对任何事情从内到外进行提问和思考，而不是"剥洋葱"式地从外到内。"黄金圈法则"

把思考画成三个圈,如图3-1所示,从内到外分别是"Why""How""What"。

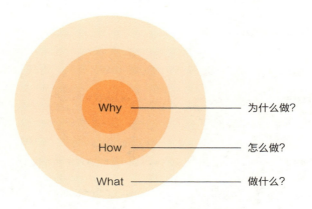

图3-1 "黄金圈法则"示意

大多数人的思考方式是从"做什么"层开始。"黄金圈法则"的思考顺序是从内到外,也就是按照"为什么做——怎么做——做什么"的顺序思考。

"黄金圈法则"第一步:思考"Why"。从内到外思考,在最里面的"Why"圈层思考为什么。比如,我们为什么要工作?我们为什么不做这样的选择?我们的公司为什么而存在?

"黄金圈法则"第二步:思考"How"。只有想明白了最内圈层的"Why",第二步才是思考中间圈层的"How",也就是"怎么做"。"How"圈层是要梳理如何实现"Why"。比如,用什么方式落实我们的价值观?用什么样的方法带领团队打胜仗?

"黄金圈法则"第三步:思考"What"。如果"Why"和"How"梳理得清晰,那么"What"圈层的"做什么"就是水到渠成的事情了。

当我们刚开始使用"黄金圈法则"去思考问题的时候,可能会不习惯。这时我们可以分阶段进行练习。比如,可以分为两天和一天进行;两天和一天,就是每个阶段练习完,给自己一天的时间去缓冲吸收。进行一段时间的练习后,我们会习惯性地把"为什么"放在第一位。

使用"黄金圈法则"能帮助我们少走很多弯路,同时也可以帮助我们进行深度思考,看透问题的本质。

3.1.2 战略制定:这仗怎么打才能胜

当女性具有了战略思维能力,要如何落地在制定战略上呢?

一、什么是战略——"这仗怎么打才能胜"

什么是战略？战略是为一个组织生死存亡所做的谋划。所谓"大道至简"，我总结出了一个既能让女性领导者容易理解，又能迅速抓住制定战略关键要点的 8 字定义——"**这仗怎么打才能胜**"。

"这"是指我们要为团队指明清晰的要实现的目标。任何战略都是围绕着实现目标而制定的。没有目标指引的战略，不能称为战略。所以，我们在制定目标时不能笼统模糊，比如，为了"赢"而战，就是属于空洞无物的目标；也不能"短命"，比如，为了拿一次"市场第一"而战，一旦达成过一次，这个激励人心的目标就不存在了。企业或者团队的目标越清晰，就越能让整个组织出现"同一个目标，同一个梦想"的上下同欲、凝心聚力的状态。

"仗"是指我们要跟"对手"交锋、较量，我们要明确在这场仗里的"对手"是谁——是他人，还是自己？超越他人，成为行业第一，我们的"对手"就是他人的实力和成绩；超越自己，提升业绩，我们的"对手"就是自己过去的能力和标准。

"怎么"是指用什么跟对手抗衡，我们要明确自己应该靠什么策略去打赢这场仗。我们要看清自己拥有的核心价值和竞争力是什么，是产品还是商业模式？是运营效率还是员工能力？找准自己最强的发力点，可以四两拨千斤；找错了发力点，则事倍功半、兵疲马乏。

"打"是指出击有力。员工能力强，团队战斗力就强；组织能力强，公司竞争力就强。在竞争的"战役"中如何激励员工"想打、敢打"，培养员工"能打"，是战略制定中不能少的一环。

"才能"是指"能"和"不能"之间有不确定性。我们对风险、对变化要敏捷反应。即使我们有了清晰的目标，有了明确的"对手"，有了制胜的策略、作战的斗志和能力，也不一定能打胜仗。在外部因素中，政策法规、经济环境、生存环境等，任何一项出了意外，都会导致损兵折将，甚至兵败如山倒。比如，一个政策法规的变化，整个公司可能就垮了。

"胜"是超越对手，超越自己。无论是超越了对手还是自己，都意味着我们的实力迈上了更高的台阶，走向了更大的发展。所以我们在制定战略时,一定要朝着"必须胜"这个结果去思考。每一个运营环节都不可疏漏,每一名员工的敬业态度、工作能力都不是小事,我们需要查看现行的制度是否配套,整个组织运营是否高效。

二、如何制定战略——"战略宫殿图"

知道了什么是战略后,女性领导者要如何制定团队发展战略呢?

在制定战略时,可以用一幅图来完成团队发展战略的制定。我把这幅图称为"战略宫殿图",如图3-2所示。图中展示了"这仗怎么打才能胜"各关键要素间的逻辑关系。

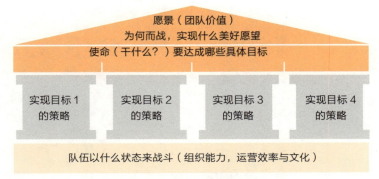

图3-2 "战略宫殿图"示意

宫殿的"顶"是团队的愿景，告诉团队成员我们为何而战，是为了实现什么样的美好愿望。

宫殿的"房梁"是团队的使命，即我们要达成哪些具体目标。比如，我所在的制药公司，愿景是帮助更多的人获得更健康的生命质量，我们的使命就是用实力在具体的时间内研发出一定数量的创新药物，帮助更多的病人，给病人提供更好的治疗方案。

宫殿的"四个支柱"是实现目标和使命所配套的策略。以医药行业的医学科学团队为例，四大支柱包括确保完成多少药物研发项目；培训医生正确使用新药；与政策制定者和健康机构合作帮助患者；提升团队能力确保交付结果。

宫殿的"地面"是宫殿的地基所在，它代表的是组织中高效的运营能力和健康的组织文化。

我们要建多高的宫殿，就要匹配多深厚的地基和多粗壮的支柱。

正在阅读本书的你不妨自己动动手，试试用"战略宫殿图"的模板为自己的团队制定一个发展战略、产品战略或人才战略等，看看自己会用多少时间。第一次，会用多少时间？一年后，两年后，又将会用多少时间？我相信每个人都会为自己战略思维的进步而感到惊喜的。

三、制定战略中不容忽视的团队文化

在制定战略的过程中，领导者们容易忽视团队文化的打造。团队要实现战略目标，离不开团队文化的支撑。在现实中，很多女性领导者认为团队文化不重要。每当我问道："你团队的文化是什么？"她们的回答通常都是："公司有文化，团队还需要文化吗？"

我是一个非常重视团队文化的领导者，无论我去哪家公司，带哪个团队，第一件事一定是建立团队文化。我深信文化是个人行为的指南针，要让团队的行为统一，就要从建立团队文化开始。这样的认知，我是从《孙子兵法》开篇所得，无论是治理一个国家还是领导一个小团队，领导者都要抓五件大事——"经之以五事"，即"道、天、地、将、法"，"凡此五者，将莫不闻，知之者胜，不知之者不胜"。

如何建立属于自己团队的文化呢？这里分享一个我打

造团队文化的案例供大家借鉴。

在我转型做商业领导者时，恰逢公司战略调整，将两家不同背景、不同文化的团队融合在一起，组成了一支千人团队。在这支千人大团队中，50%的成员来自辉瑞公司，50%的成员来自惠氏公司。要让这样一个团队能够协同作战，并能在战场上打胜仗，对我来说是一个不小的挑战，原因有三：一是不同的文化背景导致了不同的工作方式，在一些问题的争论上，谁也说服不了谁；二是我刚从科学领导者转型成商业领导者，且团队中98%的领导者都刚晋升不久，缺乏一定的管理经验；三是我们研发的产品只有10个，其中50%是新产品，没有进行市场开发。

在我上任的第一天便带着管理团队召开了第一次会议。在会议上，我说我们先不谈产品和业绩，先谈一谈我们要如何将1000人的团队带领成为一支优秀的团队？大家在一起如何工作？

在长达4个多小时的倾听交流中，我们从陌生到熟悉，从一无所知到彼此了解，到最后清晰地确定出团队目标和新的团队文化——激情、执着、创新、合作。在接下来的时间，我们又不断把团队目标和团队文化传递渗透到整个团队，并鼓励大家都参与进来，并一起去推动目标和文化的实施与落地。一段时间后，这支千人团队的成员热情和潜能被不断地激发、点燃，大家的工作也充满了激情和干劲。三年的艰苦奋斗后，我们不仅成为公司最优秀的团队，还打了一场又一场胜仗，创造了三年翻一倍，销售额达到 3 亿美元的战绩。

通过这个案例，我们不难发现统一的团队文化可以让一支千人大团队心往一处想，劲儿往一处使，用最短的时间达到上下同欲、上下同步的高效状态。从实践中我也总结出了团队文化打造的两个关键点：

一是让团队文化变成共识。女性领导者可以举行一些头脑风暴或者研讨会，和团队成员一起讨论哪些文化是团队需要的，讨论的过程就是文化变成共识的过程。

二是将团队文化由"虚"变"实"。很多女性领导者认为团队文化是一个"虚"的东西，可能是她们尚未看到团队文化的作用，无法领略到团队文化的"实"。如何将团队文化由"虚"变"实"呢？女性领导者可以从这 16 字当中找到答案——内化于心、固化于制、外化于形、实化于行。"内化于心"是指女性领导者要用榜样的力量去诠释团队文化;"固化于制"是指要将团队文化植入到各项管理制度当中;"外化于形"是指要向团队展示文化,比如,制定一个团队名称、团队 LOGO 等;"实化于行"是指要让团队成员参与到文化建设中来,定期对团队进行培训和宣导,做到知行合一。

最后总结一下:女性领导者自如领导力的第一项修炼是战略思维能力的修炼。要想提升战略思维能力,可以通过阅读经典和练习思考模式来实现。在制定团队战略时,牢记战略之道,可以使用"战略宫殿图"来制定团队战略。在制定战略的过程中,要着重建立凝心聚力的团队文化。

战略思维的形成并非一朝一夕可成,形成战略思维的过程也是我们成长的过程。最好的改变时机是十年前,其次是现在。

3.2 第二项修炼：辅导他人的能力

女性领导者需要修炼的第二项自如领导力是辅导他人的能力。辅导员工是领导者的责任，一个不能辅导好员工的领导者，无论他的个人能力多么强，都是不称职的。因为员工不成长，团队就没有成效，企业就不会发展。所以，辅导员工绝不是女性领导者一件可做可不做或者有空再做的事情，而是一项非做不可的工作。

现实情况又如何呢？

身为领导者的我们每天都被琐事缠身，业绩令我们快透不过气来。我们可能意识到了辅导员工的重要性，可在我们每日的待办事项上，"坚持为团队成员做辅导"这一项，仍然只能沦为"吃灰"的最末项。

女性领导者在领导团队时，最难的不是管事，而是

"辅导他人"，只有把人辅导好了，我们才能打造出一个能打胜仗的团队。

3.2.1 辅导人，就是帮助他人成为更好的自己

虽然我做了 20 多年的企业高管，但第一次真正懂得领导者的角色，是在 2006 年——成为高管的 7 年之后。那是我去美国参加辉瑞公司全球女性领导委员会的一个研讨会上，哈佛大学的研究人员向我们介绍了全球职场女性发展状况调研报告。在关于领导力的讨论中，哈佛的老师分享了世界上杰出的领导者是如何看待"领导者"这个角色的。其中有一个诠释深深地打动了我：**领导者，是要帮助他人成为更好的自己的人。**

没错，这才是领导者的真正价值所在。我把这句话的英文原话记在了我的笔记本上，之后我换过无数个工作笔记本，但每换一个笔记本，我都会把这句话写在第一页，提醒自己：我是否做到了帮助员工成为更好的自己？

被誉为"最受尊敬的 CEO"，原通用电气 CEO 杰克·韦尔奇先生曾说过这样一句话："**在你成为领导者之前，**

第 3 章
自如领导力的四项修炼

成功的全部就是自我成长；当你成为了领导者，成功的全部就变成帮助他人成长。"

这些卓越的领导者对"领导者"的理解，拓展了我的视野，打开了我的心胸。以前的我，更多的是将自己视为"管理者"的角色，将关注的重点放在管事和管人上。"管"是向外看，手指指向的是他人；"辅导他人"是向内看，手指指向的是自己。当我真正懂得"领导者"的内涵后，我将关注的重点转移到了"辅导人"上——如何才能将普通人变为优秀、杰出的人？

在我辅导女性领导者的过程中，发现很多人犯过同样的错误。在一些女性领导者的认知中，辅导员工就是"我教给你做，我讲给你听"。在这样的认知下，"辅导他人"是从上向下的，是教导式且命令式的，如同师傅带徒弟，只能带出一个跟师傅一样的"复制品"。比如，我们在辅导员工时，告诉下属："你要做 1、2、3，就能达到结果 1、2、3。"这是一种"我让你做什么"的方式，这样的方式辅导出来的员工大多是我们自身的延展。如果我们是"领导者 1 号"，那么他们可能是"领导者 2 号""领导者 3 号"……而一个能打胜仗的团队通常是多元的，由不同风格、不同思维、不同能力、不同性格的人构成，这样的团队才具备竞争力。如果我们用"我让你做什么，你就照着做"的方式辅导员工，那么我们辅导出来的员工大多与领导者拥有同样的思维、同样的能力、同样的做事方式。这样的团队整体实力是单一的，无法具备强大的竞争力。

真正的以员工为导向的辅导，首先需要了解对方需要什么、想得到什么、想往哪里去，然后提供相匹配的指导或帮助。这种辅导是平等的、相互尊重的以及合作式的，如同教练员与运动员，教练员的一切目标都是帮助运动员成为他想成为的世界冠军。

所以女性领导者要修炼自己辅导他人的能力，首先要建立对"辅导他人"的新认知——辅导他人，就是帮助他人成为更好的自己，是以员工为导向的。在这样的新认知下，我们会更关注员工的人生规划，他们想成为什么样的人，而我又能提供什么样的支持。

3.2.2 员工辅导"五部曲"

与战略思维能力一样，女性领导者在辅导员工方面具有天然优势，因为我们乐于倾听，有耐心，还有同理心，我们的共情能力也十分出色,容易让人敞开心扉。这意味着,我们自带许多辅导员工所需要的能力,这让我们更容易进行一场高质量的员工辅导。

自如的领导力是让我们能够运用女性的优势,规避女性的弱势,修炼自己的领导力。既然辅导员工是我们的优势,那么我们应该如何利用优势高效辅导员工呢?

结合自己20年的管理经验和10年企业导师的心得,我提炼出企业场景中最具实战性的高效辅导员工的"五部曲",如图3-3所示。只要我们掌握了这五项核心能力,就能够为员工做一场高效、有收获、有成果且愉快的员工辅导。

图3-3 辅导员工的"五部曲"

一、目标设定

高效辅导员工的"第一部曲"是目标设定。

我见过许多女性领导者在辅导员工时，跟员工聊了一个小时，最后对员工说完"好好努力"便结束了这场辅导。这时，我如果询问双方这次辅导的目标是什么，双方都不清楚。这是女性领导者在辅导员工时，经常会犯的一个错误——没有目标。

没有目标的辅导不仅浪费彼此的时间，更是对能量的一种消耗。长此以往，员工会因为没有得到成长而失去对工作的信心，领导者也会因为没有看到员工的成长而倍感无奈。

女性领导者在辅导员工时要以成果为导向，且成果要是可衡量的。以我辅导员工的"客户管理能力"为例。在辅导开始时，我会问员工："如果客户管理的能力用 1~5 分来衡量，你会给自己打几分？"如果他告诉我，现在自己的能力是 3 分，我会继续问："你希望我给你做完这次辅导之后，你的能力提升到什么样的程度？"这时他会告诉我，他想提升到 4 分。辅导之后，他将通过在实践中的练习，最终将员工能力提升到 5 分。在目标上，我和下属建立了对辅导目标的统一认识——通过这次辅导，让他在客户管理能力上提升 1 分。

辅导员工的过程犹如教练辅导运动员的过程，前提是员工有"想拿冠军"的目标。如果员工没有想拿冠军的目标，我们给予再多的方法也是无用。所以，辅导员工的第一步，也是最重要的一步——**了解员工想要的目标或结果是什么，双方达成一致。**

如果员工的目标暂时还不是"冠军"，他想成为"亚军"或"季军"，那么我们就要按照"亚军"或"季军"的目标辅导他。我们这样做，不是不敢向员工提出高要求，而是当他心力不够时，我们要先帮助他实现一个小目标，等他提升了心力，再激励他去达成更高的目标。

二、积极聆听

高效辅导员工的"第二部曲"是积极聆听。

有嘴会说话并不等于会表达，有手能写字并不等于会写作，同样地，有耳朵能听并不等于会倾听。换句话说，听不等于聆听。那么，到底什么是聆听？聆听是使我们听到的声音有意义。聆听是一种综合能力，不仅需要用耳、用眼，还要用心（见图3-4）。

图 3-4 聆听的定义

真正的聆听,从低到高,有三个层次。

- 清空自己,聆听对方说了什么。
- 对方是怎么说的?是否带着情绪?对方说话的时候是积极的情绪,还是消极的情绪?
- 我们的对话,氛围是怎样的?是愉快的,还是不愉快的?是高能量的,还是低能量的?

真正的聆听高手,不但能听到对方的话、看到对方的表情,还能感受到自己与对方此时此刻是否都愉快地"在线"。这才是聆听的高段位。

在辅导员工的过程中,常见的现象有两种。一种是员工在说,领导者表面在听,实际上脑子已"溜号",并没有听进去,或是带着由自我意识主导的认知与评判在"听"。这种情况下,领导者所听到的话,都是已被额外加工过的话,并非对方的原话、原意。这时的领导者,已经"掉线"了。

另一种现象是女性领导者把员工叫到座位前,马上开始说"一是什么,二是什么……",最后询问一句"听明白了吗"。这样的领导者听不进员工的话,也不给员工表达的机会,长此以往,员工全变成了领导者的"四肢",他们不会甚至不敢用自己的头脑思考,只会"依葫芦画瓢"地执行。

要避免这两种辅导员工的现象,需要"双方愉快地在线"。所谓"双方愉快地在线"是指双方有很好的互动。要达到这一层级的聆听,女性领导者至少要做两个动作:

第一个动作是女性领导者要带着同理心聆听员工的表达,及时回应"是的""我听到了"这样的反馈,能让员工感受到被听见、被看见;

第二个动作是女性领导者要敏锐地感知谈话中的能量,当发现员工和自己的能量状态不错时,可以扩展和加深谈话内容。一旦发现谈话让彼此陷入负能量时，要及时刹车，使双方逃离负能量。

三、有力的提问

高效辅导员工的"第三部曲"是有力的提问。

女性领导者在辅导员工时，最容易出的问题是提问时缺乏力量。女性的温柔，让我们在提问时喜欢拐弯抹角，担心太过直接让对方接受不了。而男性领导者在提问时，会说："你为什么没完成任务？你的决定是什么？"这些问题看似比较严厉，但实则推了员工一把，让他们懂得思考，敢于担责，敢于尝试。所以，直接的提问往往是最有力量的。

以拜访客户来说，员工常会听到领导问："你去拜访客户了吗？""拜访了几个客户？""你与客户说了产品信息吗？"这种提问方式大多像警察在审问犯人，一个问一个答，员工还会因担心达不到领导的预期而紧张，这样的提问方式是强势且无力的。

为什么没有力量？因为这样的问题是封闭式的，员工只能回答"是"或"不是",它不能引发员工去思考,去找到方法。

如果我们把封闭式的提问换成开放式的问题:"请你来说一说,你是如何拜访客户的。"员工就会进入对他拜访行为的回顾,有自我审视的过程。听完员工的整个拜访过程,我们可以接着提问:"你觉得这次拜访客户什么方面做得好,什么方面做得还不够满意?你想下次如何调整?"……这些开放式的问题会引发员工的深度思考,帮助他打开思维,找到新的方法,也能让他看到自己具有的潜能。

四、创造觉察

高效辅导员工的"第四部曲"是创造觉察。所谓"创造觉察",是指领导者在辅导员工的过程中,要让员工看到不曾看到过的自己,找到可以继续成长的方向,或需要改进的地方在哪里。

我在辅导一位名叫莉萨的高层领导者时,在与她15分钟的对话中,听到了三次这样的提问:"康老师,我想听听您给我的建议""康老师,我想听听您有什么想法""我准备听听我领导的意见"。每一次,我都回答:"我想先听听你的想法。"她一开始说:"我就是没有想法,才想请教您的。"我鼓励她:"你试试自己想一个,可以吗?"在我的鼓励下,她从想出一个点子到想出两个、三个……最终她找到了自己所有问题的答案。这就是一个创造觉察的过程。

创造觉察就是帮助员工通过"镜子"照见自己的情绪模式、思维模式、关系模式、性格特点等,找到在工作或人际关系中出现问题的深层症结所在,同时看到自己尚未被开发的潜能,运用这些能力,找到属于自己的解决问题的方法和新思路。

关于女性领导者如何帮助员工创造觉察,可以参考第2章的内容。

五、激发行为

高效辅导员工的"第五部曲"是激发行为。

接着上面的一步,如果员工找到了新的方法,我们需要给他鼓励。但大多数情况下,员工面对一个新的想法,他是忐忑和不自信的,这时我们还需要给他力量,给他赋能，以激发他的行动。

我在辅导莉萨时，在最后的环节对她说："你有了这个觉察，接下来准备怎么做呢？"这是在提醒她，要想改变，就需要采取行动。这时，莉萨说出了自己的行动计划1、行动计划2，我继续提问："你还有哪些资源能帮助你实施计划吗？"此时，她开始思考哪些人能帮助自己，自己有哪些资源等。

我在做高管时，辅导过上百位员工，这期间，没有一个行动方案是我直接告诉他们的，而是通过不断引导、不断激发，让他们自己思考制定出行动方案。一场高质量的辅导，是要通过我们的不断引导、激发，让员工自己思考和制定出行动方案。要知道，一个人在面对自己想做的事时，内动力是非常强的。

女性领导者掌握了辅导员工的"五部曲"，就能轻松、高效地做好员工辅导，将普通人变为优秀、杰出的人。一场高效的员工辅导，不仅能够帮助员工成长，还能为团队营造良好的成长氛围，让员工敢于在直面痛苦后看到"阳光"，让公司成为每个员工成长、成功的绝佳平台。

3.3 第三项修炼：沟通能力

女性领导者需要修炼的第三项自如领导力是沟通能力。

多项研究表明，女性在沟通共情、业绩交付、团队管理、培养后辈等方面的能力都优于男性。既然女性有出色的沟通能力，很多公司也把沟通能力看作是领导力的必要条件之一，那么为什么女性从中受益甚浅？为什么她们没有凭此能力在企业中获得更高的职位？为什么当机会来临时，很多平时很活跃、社交很广泛的职场女性却眼睁睁地让它溜走呢？

答案很简单，大多数女性还没有意识到沟通的重要性。换句话说，相较于男性，女性拥有沟通的天赋，但遗憾的是，女性不知道且不会用。

沟通能解决一切问题。这句话我或许写得有些绝对了，用了"一切",我只想引起大家高度重视,明确地说明沟通是女性领导者需要具备的最基本的领导力之一。

从公司的角度而言,整个组织系统想要运转良好,组织里的每个团队、每个人都要与他人配合良好。如何配合?取决于沟通。一个组织能发挥最大的战斗力,靠的就是各部门之间的协同作战能力。

从女性职业发展角度而言,职场上的沟通能力不仅对我们的工作效率有直接影响,对于我们的职业前景也有着不可小觑的影响力量。低水平的沟通除了在信息传递上带来损耗,还会直接影响到我们与同事及合作伙伴的人际关系。一位不善于沟通的职场女性,在职业发展上将不可避免地遇到更多障碍,因为说得越多,错得越多。

从领导者角度而言,沟通能力也是我们对他人的影响力。站在领导岗位上,我们的影响力有时比自身的业务能力更重要。

我从以下三个角度分享了沟通对于女性领导者的重要性,目的只有一个,让大家真的能够意识到:沟通能解决一切问题。

3.3.1 这样沟通就出 Bug 了

身为女性，我深谙女性的沟通方式是我们最大的挑战。不论职位、文化程度、行业有何不同，大多数女性都面临这个问题。我们经常能看到这样的情况：在会上，女性领导者要么不敢发言，要么发言没有逻辑和重点；在团队沟通中，女性领导者要么说出来的话没有力量感，要么没有影响力，没人愿意听……女性擅长沟通、乐于沟通是件好事，但偏偏有人弄巧成拙，一不小心将沟通变成了 Bug⊖。

下面，跟我一起拿起检测沟通质量的"扫描仪"，一起来"扫一扫"女性在沟通上可能存在哪些 Bug。

一、不敢说，不敢表达

我在为一家公司做管理顾问时，发现财务部的女经理静静每次开会时，都安静地坐在离我最远的地方。当我和公司的领导在提问时，她从不主动发言，偶尔领导点到她时，她说话的声音很小，表情很羞涩。公司高管层对她的评价是缺乏主见，缺少主人翁意识。

⊖ Bug：计算机术语，原指程序设计的错误。这里意指错误。

第 3 章
自如领导力的四项修炼

事实上,当我与静静沟通过后发现,她非常喜欢自己所在的公司和工作,对公司有着强烈的认同感和归属感。之所以不愿在会上发言,不常与领导沟通,主要的原因是静静不敢说,担心自己的观点不被大家认同。

我们是否也有同感?在每次需要我们发言的时候,内心的"小乌鸦"总会告诉我们:"你的观点大家都不想听,都不会认同。"类似这种不敢说的现象太常见了,这只是让女性在职场沟通中觉得"硌脚"的众多沙砾之一。

还有一种现象是女性害怕"站在聚光灯下",他人关注的目光并不会为我们带来愉悦、自信、使命感等积极的情绪,甚至还会让我们产生尴尬、底气不足等负面感受。一位女性领导者曾对我坦言,她站在众人面前发言时自己仿佛一位"裸奔者",让她羞愧难当。

"不敢说""不敢表达",几乎是女性在职场上的通病。在我的职业经历中,我见过无数处于这种状态的职场女性,她们宁愿默默地观察,坐在后排位置聆听,也不愿意在会议上发言,哪怕只是只言片语……最终,在内心的挣扎中她们放弃了自我展示的机会,当然,她们的晋升之路走得异常困难。

为什么女性在职场中不敢说,怯于表达自己的观点呢?

在社会文化里,人们认为男性应该锋芒毕露,展现自己的强大;女性则应该谦逊、内敛,不夺人眼球。这种文化让我们进入职场后,也总是在尽量弱化、否定自己对他人的影响。这种"弱化"会影响我们在沟通时的用词、思考模式、表达意见的方式,甚至还会影响我们在沟通时的肢体动作。

在阿斯利康公司工作时,我和来自各国的公司高管一起到麻省理工学院参加了"领导组织变革"的短期课程学习。在分组讨论中,老师让我们各组选一名代表发言,分享学习体会。前面几组发言的都是男性领导者,轮到我们组时,我自愿代表小组发言,分享了我和组员的体会和启发,获得了全场的掌声。下课后,老师主动过来跟我聊天,表示大多数亚洲女性通常比较安静,不怎么发言,好奇是什么让我与她们不一样。

事实上,原来的我与老师眼中的大多数亚洲女性一样,不敢发言，也不想发言。到外企工作后，我的外籍领导告诉我："如果你在会上不发言，你就没有为讨论贡献价值。你没有价值，就是在浪费他人的时间。"为了展示自己的价值，我开始大胆地发言，慢慢地就成了一种习惯。以至于现在再参加会议时，我若不发言内心就会产生负罪感。

敢于发言，既能让我们清晰地表达自己的观点，也能让他人更快地了解我们的想法，与我们进行沟通讨论，极大地提高了工作效率。如果我们不说出自己的观点，就等同于没有观点。没有观点就没有影响力，没有影响力就没有职业竞争力。

二、不会说，话没分量，没有影响力

有的女性在职场上敢说，但却不会说，说出来的话要么抓不住重点，没有逻辑；要么没有影响力。

罗振宇说："职场，最重要的能力就是表达能力，因为在未来社会最重要的资产是影响力，而影响力由写作和演讲两个能力构成。"相对于写作，说话涉及更加丰富的使用场景，以及更高频的表达方式。

在职场中，当我们职位越高，需要沟通的场景就会越多：有跟员工非正式的谈话，也有正式的部门会议、公司年会、产品发布会，还有行业里的分享会、政府会晤、媒体采访等。一家公司里中层领导者大约 60% 的时间都在开会，这其实就是在用沟通影响他人。

一个人的沟通能力就是一个人的影响力。 懂得沟通、擅长沟通的人往往会成为职场中众人的焦点，无论是资源获取还是职位晋升，对于他人而言都会容易许多；而不善沟通的人，即便个人能力优秀，也很容易成为沧海遗珠。我们要认识到，只有我们会说话，说出来的话有力量，有影响力，我们才能在职场上有所作为。

对于想在职业上获得成功的女性来说，**"敢说"是必需的，"会说"是必要的**。只有让更多的人聆听到自己清晰的声音，我们才会被"看到"。

3.3.2 沟通的三个段位

上文所总结的，大多是女性在沟通中存在的一些普遍的、共同的问题，这些问题的出现既与女性的性别特征有关，也与其性格、习惯、表达能力有关。通病得通治，既然女性领导者要拥有自如的领导力，那么在沟通上，我提倡的也是利用女性优势来修炼自己的沟通能力。

一个人的沟通能力是有高低之分的。以我辅导高管多年的管理经验来看，我认为一个人的沟通能力可以分为以下三个段位：

- 第一个段位：把事说清楚，让对方听得懂（逻辑力）
- 第二个段位：吸引人，让对方爱听（感染力）
- 第三个段位：影响到对方，让对方接受（影响力）

沟通高手说话，没有华丽的词语堆砌，简简单单几句话，就能让与之沟通的人茅塞顿开，如沐春风。要想修炼沟通能力，女性领导者要从低段位开始学习、练习，逐渐修炼成一名沟通高手。下面，我将给大家解析一下每个段位的能力需求和达成方式。

第一个段位：把事说清楚，让对方听得懂（逻辑力）

沟通能解决一切问题，这意味着每一次的沟通都有着明确的目的，或是在同一个问题上达成共识，或是达成某项重要约定，最终实现价值交换。所以，把事情讲清楚，是沟通最基本的质量要求。

我在辅导高管时，发现很多女性领导者在汇报工作时，PPT像写小说一样，每页都是满满的内容。乍一看上去，好像有很多观点，但仔细听来，口若悬河半天，听众却皱着眉一脸疑惑地问道："所以，你的重点是？"

我也听过一些女性领导者的演讲，她们特别容易把一件简单的事情讲得复杂化。明明她的发言时间只有半个小时，可每次都会超时到一个小时。但是如果有人问听众她讲了什么，十有八九会得到这样的答复："她好像说了很多，但是又好像什么都没说。"对于这类"话痨"的女性领导者而言，她们可能自己都没有想清楚为什么要讲这些话，也没有思考这些话对于倾听的人而言是否有帮助、有价值。

这些问题会导致女性领导者在沟通时，不仅没把事说清楚，还让对方更糊涂。当我成为一名高管教练之后，我发现其实这都是"病"——得治。

针对这一"病因"，我的"药方"是修炼我们的逻辑力。女性大多是感性的，缺乏逻辑，这一短板我在前面提到过。逻辑力缺失会让我们在沟通时不知道自己的核心观点是什么,没有重点,废话连篇,无法达到预期的沟通效果。

逻辑是沟通的主线和框架,是达成沟通目的的前提。在时间就是金钱的职场中,没有人会愿意把自己的时间浪费在一场混乱、不知所云的沟通中。只有主旨明确、逻辑清晰,让人一目了然的表达,才有可能吸引别人的注意。

在一次新品上市发布会上,我的发言只用了 15 分钟。发言后,很多人向我反馈:我说的每一个字都具有意义,整场发言没有任何废话,并询问我是如何做到的。我告诉他们,我为这 15 分钟的发言,前后修改了八次发言稿,每次都在做减法,力求用最准确、最精炼的语言表达核心观点,由最初的八页 PPT,最后缩减到了一页;为了让我传递出来的信息能够打动人心,我将发言稿反复背诵,熟记于心,才得以在会上脱稿演讲,要知道,照着念和脱稿演讲,效果是完全不一样的。

我见过一些领导者在开会发言时,把 10 分钟的开场致辞说到了 1 个小时,却还是没有人能听懂她想表达的观点。为什么会有这样的情况呢?这是因为她在讲话时,本来只想讲"1",但脑子里却想到了"2",于是就开始讲"2",然后又想到了"3",可是又讲到了"4"……最终,逐渐偏离了原来的演讲主线"1"。

下面是我在新品发布会上发言的模板(见图3-5)。

大家不妨认真在脑海中依照此模板模拟一场发言。

首先,我会准备一段能够迅速捕获听众注意力的开场白,在这一过程中,我们不仅仅是在与听众打招呼,更是在拉近双方距离。

图3-5 发言模板

第 3 章
自如领导力的四项修炼

开场白结束后,我的发言会立刻衔接主题,我会以"我想探讨一下……""我想谈谈……""我准备的话题是……"等表述,明确告知听众此次发言的主题。

这里不由得想多说几句,于女性领导者而言,观点是每一场发言最为关键的部分,我们应在这一阶段清晰阐述自己的主要观点。它可以是一个想法,也可以是一个论点,但无论以何种形式出现,都应保证其源自我们的个人信念且有理有据。清晰的个人观点表述可以让我们的发言更具信服力与吸引力,让听众不会产生"我有听的必要吗""这和我有什么关系"的想法,这也是展现自身领导力的好机会。在分享观点时,我通常会使用以下方法组织语言、详述论据。

- 自问自答法:先抛出一个问题,然后给出对应的解决方法。
- 展望未来法:先谈论目前的状况,然后描述自己的观点对未来的影响。
- 辩证法:列出理由,证明自己的观点为什么有用。

在详述观点或要点时,我会通过一些标志性的词语提醒听众留意重点。比如,在陈述理由时我会说:"提出这一点的第一个理由是……""第二个理由则是……",诸如"第一""第二"此类标志性词语,是帮助听众厘清发言逻辑的重要成分。

结束观点详述的部分后,我还会重复自己的观点,将听众的思绪拉回到这场发言的主题上,我一般会说:"今天我所讲的就是……这几个观点。"

最后,我会对听众进行行动号召,呼吁听众将我的发言内容付诸实践,或表态自己将采取相应的行动。这一步是领导者发言的必备项,主要目的在于明确目标和结果。为了能让听众更明确地了解到自己需要做什么、怎么做,我一般会说:"我非常期待各位对本项目的支持和赞助。""让我们互相支持,共同努力,将这一想法付诸实践,我们可以先在公司内部尝试,然后努力获得成功。"

以上是我总结出来的适合女性领导者发言或沟通的要点。女性领导者在修炼沟通的第一个段位时,可以利用这个模板,确保自己的每次发言和沟通都有清晰的观点、证明理由以及提倡与呼吁。这样既能有逻辑地把事说清楚,又能不说废话让对方听懂。

坦率而言，我无法确保在实践过程中我们的每场发言都能严格依照上述模板有序进行，一些临时会议与沟通，可能需要女性领导者"见机行事"，对发言过程做出更符合当下实际情况的调整。但无论哪种情况，记住该模板的内容都是必要的，因为它将辅助我们做出见解深刻的发言。

除此之外，我还想给大家一个建议，女性领导者在沟通时，可以问自己三个问题，这三个问题可以帮助我们掌握自己讲话的关键信息，让自己在沟通时逻辑清晰地表达自己的观点。

- 第一个问题：我今天要讲什么，不讲什么（不讲什么更重要）
- 第二个问题：我讲完之后，这些信息是否能让对方的能量提升
- 第三个问题：我讲完之后，对方能带走什么

第二个段位：吸引人，让对方爱听（感染力）

女性领导者在沟通时把事说清楚，让对方听得懂，是沟通的基础段位，达到这一段位后，我们要接着往更高层次修炼——吸引人，让对方爱听。

要达到这一段位，我们需要修炼自己的感染力。感染力与一个人的谈吐、气质、修养、精神状态等密不可分，它会在一个人与他人的沟通过程中悄无声息地体现出来，是一个人内在的自然流露。对女性领导者而言，沟通感染力的修炼是一个长久、不间断的过程，也是一个提升自身沟通能力的过程。

让沟通具有感染力的第一个要点，是用对方能听得懂的语言沟通。

我是一位研发领导人，主要负责做药物研发，要知道在这个领域，有很多专业术语，这些专业术语大部分人是听不懂的。我在与非专业领域的人沟通时，会尽量避开这些专业术语。如果一定要说，我会用通俗易懂的方式来解释，不会让对方感觉我是在故意卖弄。比如，我要说到"纳米"，我可以说，这是一个长度单位，具体小到比头发丝还要细6万倍；再比如，提到某一种药品，我不会长篇大论地讲机制，通常会解释这种药品给人带来的功效。

此外，我还会根据对方的具体情况，甚至性格特征，判断应该采取什么样的方式沟通。比如，对方是一位专业人员，我会用专业术语进行交流；比如，对方是一位干练的领导，我说话就会干净利落，简明扼要，不拖泥带水；再比如，对方也是一位女性，那么我会以女性的视角，用女性喜欢且能够接受的方式与她沟通。

我之所以在沟通上游刃有余，所运用的沟通技巧就是用对方听得懂、喜欢听的语言，以对方为主角，主要的思考点是对方需要什么。

要做到这一点非常简单，**用大白话，用大家都听得懂的话来沟通**，不要用一些抽象词汇、抽象概念，这会导致沟通效率低下。日裔美籍语言学家塞缪尔·早川曾提出过"抽象阶梯"的概念，他谈到，**越是处于低抽象阶层的语言，越生动明了，越能吸引人**。我在与团队沟通时，评价某位下属"能力出众，业绩优秀"，可能大部分人听了以后没有什么印象，但是如果我说"他是连续3个月的销售冠军，每月销售额达300万元"，这样具体的"事实"，会给人留下深刻印象。

让沟通具有感染力的第二个要点，是全身心投入。

一直以来，我都会保持全身心投入的状态与领导、下属、客户和合作伙伴开启每一次的沟通，并且保持必胜的信心。这种投入与自信不仅仅是为达成沟通的最终目的，还因为我坚信这也是对方最想要的。

而与人沟通最糟糕的状况，无疑便是无法让对方感受到我们的投入。会带来这种效果的情况比比皆是：在沟通时心里却想着自己其他未完成的事情；当众发言时顾虑自己的观点会被领导与同事嘲笑……具体而言，当我们的发言开始颠三倒四、衔接不畅时，甚至视线游移、关注点被分散时，我们便没有全身心地投入沟通，这会让我们的发言失去感染力与信服力，同时也没有以身作则——自己都没有在沟通中全身心地投入，又怎么有理由期许听众专心倾听我们的发言呢？

第三个段位：影响到对方，让对方接受（影响力）

沟通的第三个段位是我们的话影响到了对方，对方心甘情愿地接受我们的观点并引发自主行动，这是女性领导者沟通的最高段位。

很多领导者在沟通时，往往爱借助自己领导者权威的力量来表达自己的观点，这不是真正有影响力的沟通。我

第 3 章
自如领导力的四项修炼

们要思考：如果我们不是领导者，对方会听我们的吗？会认同我们说的话吗？有影响力的沟通就是无论我们处于什么样的位置，对方都能认同我们说的话，被我们的话打动。

女性领导者要达到这一段位的沟通能力，不是一件容易的事。大部分的场景是，大家在一起开了七八次会，还是说服不了彼此。我在修炼到这一段位的沟通能力之前，也经历了很长的时间。

要做到有影响力的沟通，我们可以借助声音的力量。声音是传达领导力的重要载体。女性的优势是温柔，这虽然是一种优势，但用错了地方，就会成为短板。我经常看到有的女性领导者在发言时音量很小，听众即便竖着耳朵听也听不见她说的是什么。当我们的音量太小时，我们的发言是没有力量感的，我们的权威性、影响力就会被减弱。在沟通中，音量、语调，甚至断句，都是让我们的话有影响力的关键点。

在任何场合下的公众沟通，我说话的声音都会保持洪亮、清晰有力。因为我知道，如果听众听得费力，我的影响力必然下降；我也知道，如果自己音调平平，让听众感到无聊，影响力也必然会下降。同样，如果我的音色使听众分心，比如声音太尖锐、听起来像少女、在描述自己想法时提高了句末音调或者声音太过温柔……都会让人听完以后觉得我不像一位真正的领导者，并降低我的影响力。

女性领导者要释放声音的力量，让沟通具有影响力，可以从以下三个方面训练自己。

一是，加强声音中的"力量"。我曾见过一位创业者，她性格很柔和，在与下属沟通时，常常言语温和，面带微笑。让她感到困惑的是，每每与下属沟通过后，对方并没有把她说的话放在心上，工作上出现的问题也得不到改进。她问我："康老师，在与下属沟通时，我是不是过于柔和了，或许我应该以一种强硬的态度与下属沟通？"

这是女性领导者在沟通时容易犯的另一个错误。女性是温柔的，说话往往"轻声细语"。现实的情况是，"轻声细语"并不适合领导者。如果对方听我们讲话时没有感受到我们的能量，他们往往会放弃，对我们说的话或观点置若罔闻。因为在他们看来，连说话都如此无力的人，不可能成为出色的领导者。

要说服对方，女性领导者就要加强声音的力量。有一种温柔叫坚定的温柔，我们在与员工沟通时，沟通方式可以温柔，可以用微笑让对方感受到我们的温暖，但我们表达内容时的声音要有"力量"，有权威性，尤其是一些原则性上的问题，一定要有力量地说出来。

女性的声音大多较为尖锐，我们也要注意，在提升音量的同时不要发出刺耳的声音。玛格丽特·撒切尔也曾被此困扰："一个人想在下议院发言，他的声音就必须盖过一切嘈杂声。这对声音尖锐的人尤其困难，因为声音越大，音调也就越高。这对许多女性来说都是个很明显的问题。因此，我们要学会正确发声而不是尖叫。"

后来，撒切尔为了避免尖锐的声音状态，让自己的声音更易与听众产生共鸣，特意接受专业培训以学习压低自己的音调。我们可以录下自己的一段发言，判断自己说话的音调是否合适，若有不妥，也可效仿此法通过专业培训改变自己的发声方式。

二是，培养领导者的说话口吻。我们说话时的声音与语气，往往和自己的生活经历息息相关，这也让声音成为他人辨识、了解我们的重要因素。因此，如果我们将自己定位为领导者，那么就要认真评估自己的声音。

"我的口吻像一位领导者吗？"

"我说话的声音能吸引听众并且得到他们信任吗？"

上述问题如果我们无法明确回答"是这样的"，那么我们就必须马上做出改变。

改变的第一步是放弃不适合女性领导者表达的声音。比如，女性特有的"娃娃音""啦啦队队长式语气""充满母性的语气""甜美语气"等，这些是女性的声音，但却并不适合女性领导者。

领导者口吻里有一项重要的特质——庄重。我们虽然明白庄重对于女性领导者的重要性，但我们或许还没有认真思考和了解过该如何表现庄重。通常情况下，庄重主要体现在三个方面：越深沉、有力的声音越庄重，也越能体现一个人的严肃、认真，过于尖锐或友善的声音都会削弱这种庄重感；有内容、有分量、有尊严地发言，能给听众带来价值的发言更显庄重；庄重还体现在我们的人品方面，表里如一、诚信可靠，我们就会自带庄重。

第 3 章
自如领导力的四项修炼

三是，要做到有影响力的沟通，可以借助双赢思维的力量，用双赢思维来准备我们的沟通。 我曾遇到一次危机——公司的一种药物在国外发现了药物不良反应。在 20 世纪 90 年代中期的中国，公众对药物本身具有不良反应的认知度和接受度都很低。当这个消息传到中国，各地媒体纷纷上阵，用"××药杀死人了"等各种吸引眼球的惊悚标题做偏离科学的报道，公司声誉因此受到了负面影响。作为公司研发部领导人，我的任务是处理好这一药物安全危机。既然是公司的危机，我工作的目标便是找到机会帮助公司脱离"危险"。

我冷静梳理了处理危机需要面对的沟通对象，有药监机构、医生、患者、媒体和公司员工等。当我换位到不同沟通对象的立场去思考：他们最担心的是什么？我找到了在沟通中最关键的点——消除双方顾虑，让双方心安。当我去药监局沟通时，我带上了这位出现严重药物不良反应的病人的详细临床数据，包括他自身原发疾病信息和相关性分析报告，也带上了公司准备采取的行动方案，还包括给参加此药临床研究的医生、患者的沟通信。药监局审查后给公司的批示是：你们的行动方案质量非常高，体现了跨国公司的水准和对病人负责的态度。

在与媒体的沟通中，我沟通了三件事：一是对药物进行了详细的、通俗易懂的介绍；二是说明了此药物在中国尚未上市；三是对于此药物药监局给予的批示。通过这三件事，我让大家对药物有了基本的了解，不再人云亦云。同时，报道此事件的相关媒体因没有确切证据来反驳我，同时也害怕承担因不实报道而引发的法律责任，所以在之后的沟通中，各路媒体纷纷对之前的不实报道做了更正说明。这起媒体危机事件也很快平息下来了。

这次重大的危机事件得以平息，靠的是双赢的沟通策略。如果是单赢思维，可能会陷入强调"公司的名誉受损是不公正的"这件事，更关注公司的利益。双赢思维是既关注自己的利益，也关注对方的利益，找到双方都可获益的机会。做到了这一点，对方就会更乐于接受我们的观点，并且支持我们。

双赢思维的沟通在合作中也非常重要。我第一次代表企业到北京大学健康大数据院谈合作时，院领导说："我们从没有跟制药公司合作过。"其实对于我们而言，这次也

第 3 章
自如领导力的四项修炼

是第一次与北京大学合作。我在准备自己的发言时，就是以双赢思维先站在对方角度思考：我们能给北京大学带来什么？他们对什么感兴趣？我们双方有哪些潜在的合作机会？合作将会产生什么样的成果？

当我把这些告诉了北京大学的老师之后，他们非常兴奋，大有相见恨晚之意。后来，公司与北京大学在药物真实世界研究㊀方面有了跨界合作，获得的成果非常有价值。双方还致力于更深的合作，联合共建了大数据实验室，我也有幸成了实验室的副主任。有影响力的沟通，能带来新的合作，能快速达成共识，还能有效化解危机。

以上就是对沟通能力三个不同段位的解析。只要我们能在日常沟通中有意识地运用这些技巧，不断修炼，我们就会一步步地提升自己的沟通能力。

作为女性，沟通能力段位越高，工作起来就越轻松；作为女性领导者，沟通段位要与职位相匹配，职位越高，

㊀ 真实世界研究：Real World Study，简称 RWS；Real World Research，简称 RWR。即在真实世界环境下收集与患者有关的数据，通过分析，获得医疗产品的使用价值及潜在获益或风险的临床证据，主要研究类型是观察性研究，也可以是临床试验。

所需要的沟通段位就越高。

最后我想说,我很感谢敢于用沟通解决一切问题的自己,感谢不断磨炼和提升自己沟通能力的自己。没有这个基础,就不会有我所有的经历和从中得到的经验、感悟与成长。

3.4 第四项修炼：影响力

女性领导者需要修炼的第四项自如领导力是影响力。

什么是影响力？

哈罗德·孔茨说："领导是一种影响力，或叫作对人们施加影响的艺术过程，从而使人们心甘情愿地为实现群体或组织的目标而努力。"有些国外学者更是直接宣称："领导力就是影响力！"

我所理解的"影响力"是一个人在与他人的交往过程中，影响和改变他人的心理与行为的能力。**领导力的核心是影响力**。领导者的影响力就是领导者在领导活动的过程中有效地激励、感召被领导者心理和行为的能力。

人与人交往，常常是意志力与意志力的较量。不是我们影响他,就是他影响我们,而我们要想在职业上获得成功,一定要修炼自己的影响力,只有影响力大的人才可以成为优秀的领导者。

那么,女性领导者应该如何修炼自己的影响力呢?

我总结出两种方式能够帮助女性领导者修炼自己的影响力,成为众人瞩目的领导者。

3.4.1　形象就是影响力

女性领导者修炼影响力的第一种方式是塑造自己的领导者形象。

我在亦弘商学院做课席教授时,曾经为医药健康行业的领导者讲过一堂"如何打造你的影响力"的课。上课伊始,我站在大家面前,提了两个问题。第一个问题是"你们是怎么认识我的?"第二个问题是"你们相信我能给大家带来帮助吗?为什么?"

有的学员说是课前从授课老师的介绍中认识我的,有的学员说是慕名而来,但非常一致的回答是,他们坚信今天一定会很有收获。我听了大家的回答，继续问道："假设你们走到教室门口那一刻，看到我穿着跳广场舞的衣服站在这里，你会不会想，自己是进来听课？还是趁着老师没看到自己，赶紧闪人？"这次，大家笑了，他们说："有可能会溜走。"我继续问大家："当你们看到衣着得体，散发着优雅气质的我站在这里，是不是充满了好奇，很想进来听课？"

"是！"他们异口同声地回答。

那天我穿着职业黑色连衣裙，戴了风格稳重的耳环和项链，化了淡妆，保持着挺拔的站姿。我的形象无声地传递了我的心声：我是一位对自己充满着自信的老师。学员们也无声地接收到了这个信息，从一开始就相信了我能给他们带来价值。反之，若我不修边幅地站在那里，怀疑、排斥可能会自始至终存在他们心里，我说的内容，又有多少会进入他们的内心呢？

我们的形象就是自己的一张无声的且行走着的名片，会时刻在他人心中留下一份记忆，影响着他人对我们的接受度。

知名媒体人杨澜曾说过:"没人有义务通过你邋遢的外表去发现你优秀的内在。"在这个视觉化时代,再美好的内在,一旦被包裹在邋遢的皮囊之下,就很难发光。

身为女性领导者,我们是否有意识地思考过,自己在领导、同事和客户的心目中,是一个怎样的形象呢?

我曾经辅导过的一位女性创业者金玲,给我讲过这样一件事。刚开始创业时,金玲每天依然习惯按照自己的穿衣喜好,以一身休闲装出现在各个场合。那时的她年轻,又是一张娃娃脸,整个人都呈现出一种青涩稚嫩的状态。有一次,金玲去上海出差,在一场针对企业管理的采访结束后,老客户郑重其事地问她:"你想在我们心中留下怎样的印象?你的穿着让我们不敢叫你一声老师。"

这声"询问"让金玲惭愧难当——一身休闲装,在许多行业中或许都不算什么,甚至有时代表着朝气与活力,可这样的形象,并不适合"企业管理撰稿人"这一职业,尤其她还是一家企业的创始人。金玲服务的对象几乎都是企业高管与企业家,他们期望看到的是一位成熟、干练、稳重的老师,并会以此判断自己是否可以安心地交付所有信任。

此后，金玲开始关注自己的形象，无论是上班还是外出见客户，从发型、妆容到着装，都会尽力诠释自己是一位值得信赖的领导者和企业管理撰稿人。

值得庆幸的是，金玲通过客户的提醒，意识到了自己的问题。如果她像其他女性一样，认为形象不重要，能力更重要，那么可想而知她的创业之路该走得多么艰难。

在职场，很多女性领导者会忽视外在形象，我经常能在北京的写字楼里看到有些女性穿着随意、头发凌乱，先不说美观与否，单就端庄都谈不上。我们可以试想一下，企业为了打造公司品牌形象，会花费几十万元甚至几百万元，难道是它们"人傻钱多"吗？

当然不是。塑造领导者形象，不是让我们有多么貌美如花，而是要把我们的**内在实力通过外在形象展示出来，对他人产生影响力**。

领导者的形象是获得事业成功的核心竞争力之一。一个能将个人的形象管理做到品牌化程度的人，其背后的高自律、高责任心、高做事标准全都"跃然纸上",个人的笑容、目光,乃至举手投足间,都带给众人"可信、尊重、有力量、有能力"的积极感受。这就是个人对众人强大的影响力。

我的医学教育背景、科学研究的工作经验,以及担任企业高管的职责,让我将自己的外在形象定位在专业、优雅、温暖的女性领导者。多年下来,无论是行业内口碑,还是媒体报道中对我的描述,这三个特质重叠度都非常高,让我逐渐建立起了稳固的个人形象品牌。

女性领导者如何塑造自己的领导者形象呢?我分享给大家快速塑造自己领导者形象的三个窍门。

一、根据职位选服装

或许很多人都听说过,**出人头地的最佳办法就是按照理想职业的要求着装打扮**。我遇见过不少职场女性,其中有着强烈晋升渴望的人不在少数,可她们似乎从未想到要把着装打扮加入自己的努力事项中。尤其是在中层管理者眼里,即便她们一心渴望晋升为高层领导者,她们仍然习惯穿着混搭的衬衫与长裤,又或者穿着一条随时可以配上墨镜去度假的休闲连衣裙去上班。她们没有意识到，自己的着装很生活化，也不具备起到振奋、激励作用的力量感，反而时时在向外传递"我太忙了，工作并没有让我很享受""我不重要，不必在意这种细枝末节"的消极态度。

女性领导者如果真的想要在事业上取得进步，需要重视在着装打扮上的投入，既然想要成为副总，那么就要穿成一位副总的样子。这样当公司高管与我们见面，甚至可能还没来得及完全了解我们的能力时，便率先拥有了"她像一位副总"的第一印象。

随着我们在着装打扮上投入精力与财力，我们对服饰的认知也会大幅提高，也会解锁更多相关的着装小技巧：比如，服装的材质与制作工艺能体现我们的个人品位，深色系的服装可以加强我们的干练感，而浅色系的服装可以让我们显得更为包容……当然，我们的着装打扮并非要一味追求高品质，它需要依据真实的职场环境而定。

我们可以通过对自身形象的装扮逐渐形成鲜明的个人风格，并将其演变为自己的个性标签，如果我们在这方面刚刚起步，还摸不着门道，可以向行业领域中的标杆女性"取经"。比如，Facebook[⊖]首席运营官（Chief Operating Officer，COO）谢丽尔·桑德伯格、主持人董卿或许可以成为我们在开始阶段模仿、学习的对象，她们都是经历不凡的女性。我们可以多观察她们的穿搭风格，按照她们的风格去挑选最适合自己的服饰。

在服装上，女性领导者要避免踩坑——过分突出女性特征。作为一名职业女性，切忌穿衣风格过于出挑，因为这样会给他人传递混乱的信息。我记得女儿参加面试，回来与我分享她面试的过程。她说她不知道为什么一天之内的几个面试官都不约而同地问她同一个问题：你是否遇到过很有挑战的事情？我告诉她，这是因为她的形象，她的穿着、说话方式都太"甜"了，温柔有余，勇敢不足，这样的形象会让面试官质疑她的抗压能力和专业能力。

女儿听进去了我的话，在后面更高级别的面试中无论是从穿着上，还是说话的语气上，她都做了调整，顺利通过面试就是水到渠成的事了。

⊖ Facebook：脸书，脸谱网，世界排名领先的社交平台。

二、根据场合定姿态

所谓"姿态",是指一个人的身体姿势,主要包括站、坐、行、走、手势及面部表情等。姿态不仅能反映出一个人的职业素养,还能表现出一个人的内心世界。姿态是领导者形象的重要组成部分。

有一年我参加了公司销售大区经理的面试,在几位候选者中,有一位女性候选者小梅,让我和其他几位面试官在她开始演讲的10分钟内就多次相互点头认可。她穿着一件枣红色合体西装、黑色短裙、黑色高跟鞋,身板挺拔地站在大屏幕前,面带自信地微笑,用稳定和平静的声音汇报了自己对市场的分析,中间有几次用适当的手势来表达她的观点,眼睛一直保持和面试官对视。她浑身上下,都透露着两个字"自信"。最终,她面试成功了。

人的姿势会说话。我们是自信的还是缺乏自信的;是有修养的还是没有修养的;是宽容大度的还是严厉苛责的;是从容的还是紧张的;对所讲的内容是精通的还是生疏的……都会在我们的姿态中,暴露无遗。

女性领导者要根据自己所处的场合来确定自己的姿态

是否合适。比如，把腿翘在桌子上的放松姿态，在家可以做，但在办公室就不得体；"葛优躺"在家休息时可以做，但在公共场合就不得体；对下属，拍拍肩膀是鼓励，对领导拍拍肩膀则不得体；对同事偶尔"吹胡子瞪眼"是嬉戏，对客户"吹胡子瞪眼"则不得体。再比如，女性的柔声细语，在恋人眼里是可爱，但在领导者眼里是没有魄力，在下属眼里是没有影响力；女性的谨小慎微，对自己是安全，但在公司眼里是保守，没有创新能力……

不同的场合，对每一位领导者会有不同的期待和要求。如果我们忽视了这一点，坚持"做不变的自己"，后果可能会是"形象翻车"。不佳的形象，对他人没有正向的影响力。换言之，如果我们重视了自己在不同场合应有的姿态，那么我们的美好形象，会增加自己的正向影响力。

三、根据对象定谈吐

语言，可以让人感到春天般的温暖，也可以让人感到刺骨般的寒冷；语气，可以让人兴奋，也可以让人消沉；语音，可以给人力量，也可以让人安静。

当我们与他人说话的时候，应根据情境和对方的情绪状态，选择适当的语言、语气和语音，这会让对方感受舒适，愿意跟我们沟通，乐于接受我们的观点。我们的影响力就在谈话中悄然诞生了。

除了说话的方式，说话的内容也是值得去斟酌的。泸沽湖的摩梭人流传着一句话："到哪山，唱哪山的山歌。"我们的谈话对象不同，谈的内容也要与之相匹配。跟小学生讲微积分，跟大学生讲加减乘除，听着十分可笑。但在职场，这类错误频频发生。部门之间合作，都只讲自己的业务语言，还怪对方听不懂，因此矛盾频出。当每个人都学会换位，用对方能理解的语言去沟通，我们就会发现，横在大家中间的那座大山消失不见了。

提升自己的说话影响力，还要依靠持续的内在修炼。"腹有诗书气自华""蕙质兰心"都是在说人的气质是靠学识、涵养和品格的积累逐渐形成的。因此，女性领导者要有意识地不断充实自己，坚持读书学习，当我们变成了善良、平和、从容、有知识、有内涵、有道德的女性，即便站在那里不说话，我们的气质也能对他人产生正向的影响力。

3.4.2 敢于得体地展现自己

女性领导者修炼影响力的第二种方式是敢于得体地展现自己。

成功的女性领导者有一个共同的特点，她们不仅有梦想、敢追求，还善于抓住机会展现自己，有时甚至主动寻找平台或自己创造平台来让别人看到自己的能力。她们不会等待别人把机会摆在面前，而是尽力以积极开放的心态去创造机会，得体地展现自己。

IBM曾进行过一项针对全球30个国家及地区的639名IBM女性高管的社会调查，对于此次名为"你的高管之旅"的社会调查，知名女性演讲家朱迪思·汉弗莱曾在自己的书中表示："绩效高固然重要，但只有这些还不够。想要成功走上高管的位置，还要足够引人注目。我们要主动充当不可或缺和万众瞩目的角色，这会让我们得到提升，获得更多展现自己的实力和领导能力的机会。"

一家专为女性服务的机构曾在一次调研结果中表示："比起不愿总是提起自己成就的女性，那些在展现自己的成就方面表现积极的女性往往能在事业上更上一层楼，她们对自己职业生涯的满意度更高，薪酬也增长得更快。"

显然，女性只有打破"自我限制"的认知，转变固有的"谦逊低调"的思维，开始尝试主动展现自己，才能收获更多的关注与尊重，才能拥有影响力。

几年前，我在一次论坛上见到了一位前同事，她问我："我已经6年没有得到晋升了，我怎样才能在公司里取得成功呢？"

我问她："你是能力不够，还是你的能力没有被看到、被认可？"

"我能力很强，是业务骨干。"

"你的同事和领导也是这么认为的吗？"

她沉默了。

当我们有能力但不去展示，只希望别人能在忙碌中分出精力来注意到我们，这种"妄念"，不但难为了别人，最终也难为了自己。

遗憾的是，至今"展现自己"依然是许多女性眼中不得体的冒险行为。的确，我们从小被教导要谦虚，要内敛，不要出风头。于是，我们生怕自己的言行会惹祸上身，被他人误解为自负，哪怕为自己的成就开心、自豪一下，也怕被误认为骄傲、张狂。"我很犹豫到底应不应该讲述自己的成就，后来决定还是把赞美之词留给我的团队。这就是我领导团队、激励团队的方式。"这是一位女性领导者对如此行为的解释，它同样也是许多女性领导者的心声。

小时候的成长环境令我们"深受其害"，但我们也正在无意识地成为这样的"加害人"——是不是我们也会告诉自己的女儿要低调、谦逊呢？一位女性高管告诉我："虽然我痛恨自己的成长环境，但我还是无意识地在重复自己接受过的教育，每天都叮嘱我女儿要听话，要谦虚，最可怕的是，我告诉她不应该向别人诉说自己获得的成绩……我现在知道了，这是多么糟糕的限制，是女性成长的魔咒。我必须改变，要像谷爱凌的妈妈那样，尊重女儿并赞赏她的每一个成就，成为她人生中的支持者与鼓励者，呵护她的每一次成长与绽放。"

女性的觉醒，不但会改变自己的人生，还会改变下一代女性的人生。

虽然成长的环境与女性的天性，使得许多女性不懂得如何主动展现自己。没关系，我们仍然可以靠后天的学习与意识培养，让自我展现的渴望与能力成为女性骨子里的特质。大胆地向所有人展现自己的优点与能力，并自信地将这一行为坚持下去吧，这将帮助我们更快地在事业与生活中站稳脚跟。

那么，我们要如何既展现自己的优秀，又不给自己惹麻烦，还能不招别人的"羡慕嫉妒恨"呢？有没有方法让自己"鱼与熊掌兼得"呢？肯定是有的。

我为大家总结出三个敢于得体地展现自己的方法，帮助女性领导者勇敢地向前一步。

一、多露面

多露面不仅仅代表曝光率，还代表一种积极自信的态度。那些让我们内心感到"恐惧""担心"的各种活动、主持会议、发言讲话和商业应酬等，实质上都是我们展现自己、提升影响力的机会。所以，我们不仅要抓住每一次露面的机会，有时还需要主动为自己创造这样的机会。

我曾有幸师从乔布斯的高管教练约翰·马托尼先生，他多次被Thinkers50（全球思想家50人）誉为世界顶级领导力思想家，他获得了企业高管教练协会颁发的MCEC（大师级企业高管教练），并于2017年被授予终身荣誉MCEC。在他的课堂上，我完全被他"迷住"了，为了向他展现自己，在课间休息时，我会主动找他聊天，告诉他我的经历。我在与他的交谈中领略了他的耐心、好奇心、包容、慈悲、爱人之心与谦虚，这比我在课堂上获得的知识更多。而我也成了他首次中国之行中，留下深刻印象的学员之一。

　　对于曾经也习惯于等待别人发现自己的我而言，像这样主动展现自己，是我走上领导岗位后迈出的一大步。主动"露面"，不仅会让我们在其他人眼中别具魅力，对于我们自己而言也同样如此，我们一定会爱上如此自信、有活力的自己。

二、适度宣传自己的价值

　　我是20世纪60年代出生的人，生活上的窘迫曾经让我的内心有着抹不掉的"低价值感"，我对宣传自己的价值是非常抗拒和不自信的。如果我不能调整自己且顺应时代的变化,那么被淘汰的一定是我。与其纠结要不要宣传自己的价值,不如用开放的心态去学习如何宣传自己会让自己舒服,让别人也舒服,还能达到提升自己影响力的目的。

曾有一位女性高管在自己的行业内已经做到了顶级,为公司也做出了巨大的贡献,但行业和公司大部分人都不认识她,这就属于不适度的宣传自己。还有一些领导者会把团队的成绩,在"业绩战报"中说成是自己的领导有方,这也属于不适度的宣传自己。

女性最常见的"不适度"是不敢说出自己的成绩。我们需要做的改变就是要自信满满地说出自己取得了什么样子的成绩。我们可以一一列举成就,比如"我提前完成了××项目,各方反馈非常好";遇到有人称赞时,可以大方回应:"谢谢,为此我也十分自豪。"不要说"这不值一提"。

需要注意的是,女性领导者在做自我宣传时,要实事求是,同时需要衡量自己、合作伙伴、公司及股东各方的付出与利益,不可居功自傲。在宣传了自我成就之后,不妨这样说:"能带领团队完成这个项目我感到非常荣幸,非常感谢我的同事们都能如此全力以赴,最后取得了如此优秀的成果……"

自我宣传随时都会发生。当我们去见领导、客户或合作伙伴时,要有意识地展现自己的实力和价值,告诉对方自己有何经验,完成过什么样子的重大成果,这样可以给对方留下可信赖与可合作的优秀领导者形象。

展示自己的价值是敢于得体地展示自己的核心,我们只有向他人阐明了自己的价值、自己于公司的价值,以及自己于所有共事之人的价值,才算完成了一次有意义的自我展示。也就是说,我们需要让他人知道——"我的价值就是能为他人创造价值"。

三、准备一个"IPO 故事"

当一家公司通过首次公开募股(Initial Public Offering,IPO)上市时,需要在媒体镜头面前向大众呈现一个短小又精彩的小故事,以此展现整个团队取得如今成就的能力与今后将蓬勃发展的潜力。

在我的认知里，这样一个"IPO 故事"对于我们每个想要突破自己的个体而言，同样十分重要。谁不喜欢听一个精彩的小故事呢？如果我们能在一个精简的故事里完美呈现自己最出色的个人成绩，建立起自己的个人影响力，那真是再好不过的事情了。

这一点或许常常被女性领导者忽略，但只要我们在意识到了之后立马着手准备，一切便还不算晚。如果我们是某科技项目的团队负责人，那么我们可以为自己准备这样一个"IPO 故事"。

"各位好，我是××公司×项目的负责人，大家可以叫我×××。我们团队在今年年初完成了××软件的开发，并在中国地区进行了首次测试，效果出乎意料地好。因此，我们将提前在全球范围正式发布，接受全球人民的检测。这是我的团队每一个人辛勤付出的结果，我为他们感到骄傲。"

这段故事的架构实质上只是一个模板，勤加练习后，我们可以在任何一个合适的场合以恰当的方式讲述它，不必逐字逐句地牢记，但其中的关键信息点必不可少。

总而言之，准备一个自己的"IPO 故事"的重点在于，学会随时随地展现自己的实力和价值，用自己可信赖、可依赖、可合作、可跟随的领导者形象，影响他人，影响团队。这就是我们最强的影响力。

> **附加练习　领导力自测：我拥有自如的领导能力吗？**
>
> 拿出一张纸和一支笔，对自己战略思维能力、沟通能力、辅导员工的能力、影响力进行打分（每一项能力以 10 分为满分计算）。
>
> 某一项能力低于 5 分，就要着重修炼该项能力。

成功由我

女性领导力的修炼

第 4 章

温暖慈悲,
内心坚定

人生的三重境界:
见自己,见天地,见众生。

4.1 心是一切行为的根源

在第 2 章"认识自己、管理自己"中,我们已经讨论过女性的特点,从生理、心理等角度讨论了女性自身的优势和弱势,这是在"见自己";在第 3 章"自如领导力的四项修炼"中,我们讨论的是女性在职场如何领导团队,如何在企业或组织里扮演好领导者的角色,与自己、他人和谐相处,这是在"见天地"。最后一章,我们要讨论女性如何在自己的心中"见众生",这是我们在了解自己、成就自己之后进入的内心升华阶段。

"见自己"是指女性要看见自己的优势和弱势,取长补短,这是在修炼自己的认知力。

"见天地"是指女性要利用自己的优势,修炼自如的领导能力,包括制定战略的能力、有影响力的沟通能力、培养出色人才的能力和超强的影响力等,这是在修炼自己的领导力。

"见众生"是指女性在实现自我价值时,心里还能"看到"他人、承载他人、心怀天下,把自己所拥有的东西回馈给社会,让自己进入身心合一、天人合一的境界,这是在修炼心力。

以上三个阶段不仅是女性领导者会经历的三重境界,也是每个人都会经过的人生历程。

如果把我们的生命过程看成是一场修行,那么从见自己到见众生,就是将一个生命不断向上升华的过程,也是"内圣外王"的过程。当我们做到了见众生,便学会了利他,学会了以众人心为我心,学会了如何与他人、社会,乃至自然相处。正如老子曾说过的一句话:"圣人无常心,以百姓心为心。""见众生"的关键在于"心",**心是一切行为的根源**。

4.1.1 欲成事,先修心

在《心:稻盛和夫的一生嘱托》一书中,88岁的稻盛

第 4 章
温暖慈悲，内心坚定

和夫回顾自己经营企业的成功经验，总结出了自己的经营哲学核心——一切始于心，终于心。在这本封山之作里，稻盛和夫这样写道："人生由'心'开始，到'心'终结。这就是我在八十多年的人生中证得的至上智慧，也是度过美好人生的幸福秘诀。"

人生中发生的一切事情，都是由自己的内心吸引而来，我们在内心描绘的蓝图，决定了我们将度过的人生。所以，我们如果想改变自己的命运，那么首先要改变自己的内心，从"心"上下功夫。500多年前，中国有"阳明心学"；400多年前，日本有"石门心学"。稻盛和夫终其一生都在探索"心"的问题，他认为，相比科学技术、经营战略等，人心才是最根本的问题。

"一念一世界，一切皆由心"，这是我在辅导女性领导者时常说的一句话。万事万物的形成都来源于心念。所有发生在我们身上的事，都是经由自己当下的认知和心念感召而来的。一念起，行为有了，我们的世界便形成了。我们买下一双鞋，是动了"想要"的心念；我们走进一家餐厅，是起了"想吃"的心念；我们看的电影、听的音乐、读的书籍，皆源于投资者、创造者的心念；哪怕是我们这一路的求学、求职、晋升，无一不是因为我们的心之所念，做出的各种选择，最后组成我们的人生。

这一切都在预示着我们要想真正向前一步，要回到我们的心上，从"心"上下功夫，欲成事，先修心。那么，女性要如何修炼自己的心性呢？

我们先来看一个故事。日本明治时期有一位禅宗大师叫南隐。一次，一位大学教授向他请教禅机，交谈中，南隐斟茶相待，直到杯满，南隐依旧未停。教授眼瞅着茶水都溢出来了，连声喊停："杯子满了！不能再往里倒了！"南隐这才住手，望着教授笑道："就像这只茶杯，你来找我，可是内心却装满了各种成见与猜测，在你清空自己的心之前，我又如何对你讲禅呢？"

通过这个故事，大家明白了修炼心性的关键所在了吗？修炼心性的关键在于我们要先清空自己的内心，让自己保持空怀心态。所谓"空杯心态"，就是忘却过去，特别是忘却成功，不断学习，与时俱进。

我们大多数人在成为领导者之前，已经积累了一定的工作和生活的经验，通常会带着自己内心已有的认知看人、

第 4 章
温暖慈悲，内心坚定

看事、看物。我们的所见和结论，也都是自己内心的投射。当我们带着一颗装满了"我觉得"的心与世界对接、与他人对接时，时常会出现偏差、误解和冲突。只有时时保持谦卑的心，带着"空杯"的心态去面对每一天，才能做到"心有多大，世界就有多大"。

林语堂说："人生在世，幼时认为什么都不懂，大学时以为什么都懂，毕业后才知道什么都不懂，中年又以为什么都懂，到晚年才觉悟一切都不懂。"人的一生，总要经历四种认知状态：

不知道自己不知道，自以为是，以为自己什么都懂；

知道自己不知道，开始有敬畏和空杯的心态；

知道自己知道，清楚自己的认知范围；

不知道自己知道，永远保持空杯心态。

永远保持空杯心态，才是修炼心性的关键。作为团队的领导者，我们自身的心态、胸怀、价值观、世界观，不但影响着个人，也影响着整个团队和组织。当我们开启了自己的领导者生涯，也就很幸运地拥有了一个修炼心性的"道场"。在每一天的工作任务中，在每一场的工作会议中，在每一次与员工的谈话中，我们会看到自己从未看到过的内心，可能是美好的，也可能是阴暗的；可能是勇敢的，也可能是软弱的。这都不要紧也不要害怕，当我们用空杯心态来接受他人和自己时，就能从容淡定地面对所有的磨砺，在这个过程中，我们的内心正不知不觉发生着变化——从只在乎输赢的内心，逐渐变成拥有大爱，能够看到更广阔的世界，最终与世界和谐相处。

修炼心性的目的就在于，学会和自己和解，学会和世界相容，世事洞明，自强不息。一生，我们都需努力修心，不断丰富自己的内心，不断升华自己的灵魂，成就一个更好的自己。

4.1.2 心性与女性成功率

大道至简，我们读过很多书，学习过很多管理方法，领导力到最后升华到"道"的层面其实就是修炼自己的心性，提升自己的心力。

女性领导者所处的职位越高，对专业技能的依赖就会越少，对自身"软实力"的要求就会越高。认知力和心力都是女性领导者的"软实力"。"软实力"是指视野、格局、

第 4 章
温暖慈悲，内心坚定

胸怀、勇气、慈悲、关爱等，"软实力"的底层驱动力来自我们的内心。

说到这里，我想我有必要把能力、认知力和心力之间的关系及重要性做一个说明。因为它们既是本书的全部内容，也是一名女性领导者需要一步步修炼的成功之道。

要弄清这层逻辑，我们不妨将目光投向《西游记》。

在《西游记》中，孙悟空具备打胜仗的能力，一根铁棒战天下；猪八戒情商高，是团队的"气氛担当"；沙僧负重前行，任劳任怨地完成自己的挑担任务；唐僧手无缚鸡之力，又时常误判忠奸，能力并不出色，但为何能力平平的唐僧能成为取经团队的领导者呢？原因在于他对目标的执着，他的内心坚定，不至西天绝不回头，具有极强的意志力和坚定的信念。正是因为有了他，取经团队才能历经九九八十一难，最终取得真经、修成正果。

在这个四人小团队中，位于核心位置的唐僧代表心力，位于次位的孙悟空代表认知力，猪八戒和沙僧代表不同的能力。心力、认知力和能力三者孰轻孰重，不言而喻。

回到职场中,认识自己、接纳自己、升级自己,是一个人的认知力;懂战略、会沟通、会培养人、会带领团队打胜仗,是一个人的能力。拥有了这两种重要的能力,我们可以自如地打赢各种小规模的"战役",取得出色的业绩。但当大规模战役和重大挑战来临时,仅有这两种能力无法赢得最后的胜利,我们还必须要有强大的心力。

令人感到遗憾的是,在经济飞速发展、竞争异常激烈的时代,职场中被谈论更多的是工作方法,学习得更多的是"术"层面的工作技巧,缺少了"道"层面的探讨和学习,也就是心力的修炼。于是,我们总是能看到一些匪夷所思的事情,比如职场PUA,领导者一言不合就开骂员工等。我也经常能看见一些领导者眼中只有事没有人,只关注业务、指标、绩效,心里想的只是如何提高业务量,如何争夺市场第一等。

领导者专注业务发展并不是一件坏事,但如果眼里只有事没有人,就会变得非常危险。我们知道所有的事业成就都是人创造出来的,一个心情愉快带着正能量工作的人,

第 4 章
温暖慈悲，内心坚定

和一个每天被批评与斥责带着负能量的人，他们的生产力和工作效率有着很大的差别。当一个人开心地做着自己愿意做的事情时，个人能量更高，思维和行动都处于最佳状态，因此生产力和工作效率就会更高。然而在现实中，我们经常能看到有的领导者只关注员工的工作进度，当员工没有按时完成工作目标时，会毫不客气地批评员工。当团队一直处于高压的氛围下，员工是带着负能量在工作。事实上，领导者只需要拿出几分钟的时间关注一下员工情绪，及时安抚，适时鼓励，就能帮助员工从工作失误或失败的负面情绪中走出，带着信心和正能量重新投入到工作中，创造出超出想象的价值。

很多女性领导者敢于设立高远的人生目标，也勤于学习，但成长的速度却很缓慢，这是什么原因呢？一个很大的原因是在"心"上。如果没有心性上的觉醒，心力不足，即使学再多的管理方法也无法获得可持续的成功。

为了让大家直观地了解心力、认知力、能力和女性成功之间的关系，我用一个公式来诠释，如图4-1所示，我把它称为"女性成功率公式"。

图 4-1 女性成功率公式

通过"女性成功率公式"可以看到,无论我们现在处于怎样的能力水平,如果我们能够提升认知力和心力,那么成功率便会成倍地提高。我们可以尝试着演算一下。假设我们的能力水平满分为 10 分,要完成一个新任务需要的能力水平是 6 分,而我们目前的能力水平只有 2 分,认知力水平是 1 分,心力水平是 1 分,那么根据上面的公式,我们目前完成任务的成功率是 33.3%。

若要实现 100% 成功率,我们应该怎么做呢?哪种方法最省力、最快速?如果只关注提升"能力",我们需要将现有的 2 分能力,提升到 3 倍,达到 6 分,才能获得 100% 成功率;如果将"认知力"和"心力"各提高 1 分,达到 2 分,我们完成任务的成功率就已经超过了 100%。

显然,提升认知力和心力,将会为我们带来裂变式的成长,实现实力跃迁。

4.2 心力是巨大的能量

心是一切行为的根源,我们要获得职业和事业上的长期成功,就要提升自己的心力。我在前面一直在分享心力的重要性,那么什么是心力?在提升它之前,我们有必要明白它的真正含义。

"心力"是指内心拥有坚定的信念、顽强的毅力、面对未知和挑战的勇敢,以及危难时的镇定。心力是来自心灵深处的能量。

当一个人心灵受伤,能量消耗殆尽时,会出现"心力交瘁"的状态。职场女性在工作中大多有两种状态:一种状态是接受公司给自己安排的任务,按照明确的任务目标,努力完成;另一种状态是自己做的事情并不局限于公司的安排和要求,在完成规定的工作目标之余,乐于主动承担一些职责之外的工作。

这两种状态所展示出来的内心力量是完全不一样的。区别在于后者状态下的人内心更有向前多走一步的内动力和实力。这就是我们说的"心力"。心力，往往决定着我们的人生道路能走多远、走多宽。

4.2.1 成为管理上的"神枪手"

在21世纪的今天，越来越多的女性从普通员工的岗位走上了领导者岗位，甚至成了创业者、企业家，她们带领自己的团队实现了一个又一个的业务目标，战绩显赫。但同时，我们也能遗憾地看到许多中途"夭折"的女性领导者，她们或许是因为管理不善，或许是因为缺乏领导力，或许是因为无法承受压力。各种各样的原因不得不让她们从原岗位上退下来。

那么问题来了，既然女性具有领导者的天赋，为什么在职场上还是呈现出"职位越高，女性人数越少"的现象呢？

这中间有一个关键因素——有的女性领导者在向上发

第 4 章
温暖慈悲，内心坚定

展时，赢在能力上却输在认知力和心力上，其中心力是最突出的。如同在战场上，一名机枪手想要打败敌人，首先他要有机枪，其次要懂得瞄准和开枪的技巧，然后还要有力气端起机枪歼灭敌人。若要取得胜利，拥有机枪、懂得使用机枪的技巧和具有端起机枪的力气，这三者缺一不可。把这个场景放在管理中，战士手中的机枪就是领导者拥有的职务权威和管理手段，战士不会使用武器犹如领导者缺乏领导力，战士没有力气端起机枪如同领导者的心力不够。

一个优秀的领导者一定是管理上的"神枪手"，既拥有自如的领导力，又有强大的心力，唯有如此，才能带领团队打胜仗。

2010年，稻盛和夫在78岁高龄时，受日本政府委托，接手了申请破产的日本航空公司，就任会长一职。当时稻盛和夫面临三大挑战：一是他从未涉足过航空行业；二是此时他已经退休了15年，体力欠缺；三是员工对于公司倒闭的危机感和责任感都十分欠缺，组织是一盘散沙。在这样的情况下，稻盛和夫带着"稻盛哲学"与"阿米巴经营"来到日航。

令人感到神奇的是，稻盛和夫只用了一年的时间就使一家亏损了2万亿日元的公司重获新生，并在第二年实现了1800亿日元的巨额利润增长，他是如何做到的呢？

稻盛和夫之所以能够做到这一点，不仅在于他在日航进行了管理改革，更重要的是，他将自己的心力传递给了整个公司。稻盛和夫上任后做的第一件事是向日航的全体员工宣布"日本航空的经营目标是追求全体员工物质和精神两方面的幸福"，并且反复强调了这一理念。稻盛和夫经常对员工宣传他的哲学思想——敬天爱人，热爱自己的工作和生活，宣示生命的意义在于克服困难，完善自我。他自己亲身体验日航的服务，渐渐地，稻盛和夫发现空姐的播音越来越有感情了，每一次的鞠躬，都包含着对客人的感恩之情。

当日本航空公司所有人都拥有了强大的心力之后，产生的能量是巨大的。这也是为什么稻盛和夫能在短短的时间内让日本航空公司扭亏为盈，并重新回到世界500强的行列的原因所在。所以，我们要成为管理上的"神枪手"，就要提升自己的心力，只有我们心力强大，才能带给团队强大的能量，才能完成艰巨的任务。

事实上，不管是商业竞争也好，职业竞争也罢，大多数比拼到最后都是心力的竞争。因为绝大多数的竞争还没有到"刺刀见红"比拼专业能力的时候，大多数人就已经放弃了。在做一件事时，我们的极限也是对手的极限，我们坚持不住了对手也是一样的情况，就看谁的心力强大能够多坚持5分钟，谁就是最后的赢家。

心力强大的人有三个突出特点：一是志存高远，永不满足；二是百折不挠，愈挫愈勇；三是永不言败，不达目的誓不罢休。

女性领导者可以审视一下自己，看自己是否拥有以上三个特点，如果没有或者只是拥有一个，那么我们就要想办法提高自己的心力了。

4.2.2 提升心力的三个维度

女性领导者如何提升心力呢？

女性领导者要想拥有强大的心力，可以通过三个维度来训练。

一、提升能量级

一个人的能量越高，心力就越强。女性领导者提升心力的第一个维度是提升自己的能量层级。

美国著名精神病学家大卫·霍金斯通过三十多年的研究发现，人和万物的本质是能量，他提出了经典的"霍金斯能量层级"，如图4-2所示。依次排布从最负面、伤身的情感，到最正面、滋润的情感。正能量层级如图所示，依次为勇气、淡定、主动、宽容、明智、爱、喜悦、平和和开悟。

我们身处不同的能量级时，将会吸引与之对应的同等级状态的人、事、物。"霍金斯能量场"适用于任一组织。在"霍金斯能量场"中，存在着许多隐性规律，比如某一组织的整体能量水平，往往取决于组织内全体成员的平均能量水平；又比如，少数高能量级之人的正能量足以抵消绝大多数人的负能量，而组织成功的程度便取决于组织整体的能量层级。由此一来，一个组织内高能量级的人越多，该组织的能量层级就越高，该组织的成功程度自然也越高。除此之外，我们还可以据此判断组织中哪些人、事、物足

第 4 章
温暖慈悲，内心坚定

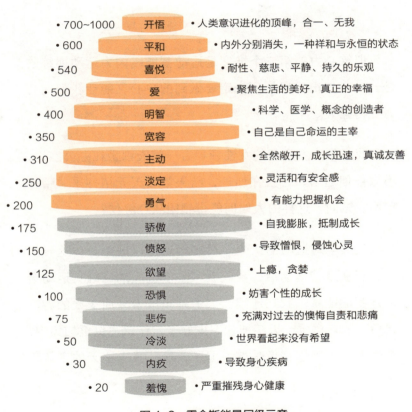

图 4-2 霍金斯能量层级示意

以提升组织的能量层级,这将能帮助我们探索如何提升组织的能量场。

二、运动蓄能

训练心力的第二个维度是运动蓄能。因为运动训练的是一种明知很难坚持还一定要做到的决心,能让我们的心力变得强大。

我经常能看到有的女性领导者一整天都坐在办公室里,不做任何运动,一直在加班,结果第二天无精打采、精神萎靡。试问,这样的人如何能带领团队打胜仗?

我最早对运动的认知停留在运动可以锻炼身体这一层面,但在坚持运动后,我收获了一个很大的感触:运动会提升我的能量。我在连续 3 天的跑步或者一周 3 次的游泳之后,明显感觉一天精神状态更好了,注意力也更加集中,身体的每个细胞都像是被唤醒了,这让我一整天的工作都更有效率。

我喜欢徒步、登山,周末经常和朋友们一起去山里探险。当经历了一路的艰辛跋涉,终于站到山顶,看到山峦

第 4 章
温暖慈悲，内心坚定

叠翠、绵延不绝的美景时，心中油然升起对大自然的敬畏，这会让自己变得谦卑。记得有一次，我完成了一次艰难的攀登运动，在攀爬的过程中，有无数次我想要放弃向上攀登，但每一次都在内心告诉自己："坚持一下，再坚持一下。"在经历无数次的"心理建设"后，我终于爬上了山顶，那一刻我获得了一种"坚持一下，再坚持一下"的能力。这就是心力的训练。

女性领导者大多比较忙碌，需要兼顾事业和家庭，不太容易有很多的私人时间来做固定的运动。我的经验是：见缝插针，利用碎片时间运动。比如在工作的时候，经常起来做一下原地拉伸；如果工作很忙，也可以选择提前一站下车，快走回家。中医讲"动能生阳"，运动产生的阳气是生命能量的"蓄电池"。

三、屏蔽负能量

有一次在辅导高管时，大家问我："为什么你已经到了快退休的年龄，还是如此精力充沛、干劲十足呢？"

我认真思考了一下，除了上面说到的通过修心和运动提升心力之外，让我保持充足心力的第三个维度是有意识地远离负能量或屏蔽负能量，减少自己的能量消耗。比如，我们在工作和生活中经常会遇到喜欢评判他人或抱怨他人的人，当我发现身边有这样的人时，我就会本能地回避。

心力储备和蓄能很重要，减少耗能也同样重要，"被放电"有时就在一瞬间。比如一些负能量的情绪——愤怒、悲伤等，这些都会消耗我们的心力，我们要远离它们。同样的道理，当我们用简单粗暴的管理方法对待员工时，也在消耗员工的心力。比如有的领导者在训斥员工后会说："我这是'刀子嘴豆腐心'。"其实就是那些如刀子般的语言，会一刀一刀地把对方的心力一点一点地消耗。被这样教训的员工会进入羞愧、惭愧、沮丧、挫败和自责的情绪中，我们自己也会处在愤怒、不满和怨气中，而这些情绪都是负能量，是在耗能。

女性领导者要学会在沟通和指导员工时，使用鼓励、激发、认可等能够提升人能量的方法，让自己和团队更有力量、斗志与能力去面对挑战，从而创造出色的业绩。

以上就是训练自己心力的三个维度，女性领导者可以借鉴。除此之外，我们还可以通过多读书和多与优秀的人

第 4 章
温暖慈悲，内心坚定

交流来训练自己的心力。无论我们是先学理论再去实践，还是直接开始实践，只要我们做起来、练起来，就会收获属于自己的心得。这样我们才有机会成为管理上的"神枪手"，还能找到属于自己的"神枪手秘籍"——利用心力的能量赋能团队。

4.3 爱是一切力量的源泉

稻盛和夫的经营哲学集中到一点就是"敬天爱人"。什么是"敬天爱人"?

"敬天"就是尊重自然、尊重科学、尊重法律和社会伦理办企业;"爱人"是经营企业要造福人类,促进人类的进步和发展,要至善,要利他。

4.3.1 用爱做决策

我是稻盛和夫先生的追随者。2009 年我第一次看到他写的《活法》一书时,受凡启迪。从此,我很少用"管理"这个词来领导我的团队,而是逐渐形成了自己的领导风格——"用心引领,用爱帮助"。

"引领"就是用大爱之心带领团队找到为社会创造价值

第 4 章
温暖慈悲，内心坚定

的点，塑造正能量的团队文化；"帮助"就是付出自己的精力和时间帮助团队提升思维的高度，激发内动力，强化能力。

"大爱之心"是指能看到自己所从事的工作对社会产生的影响和价值，用对社会的爱来确立自己团队的存在价值，设立团队的愿景和目标，确定业务、制定战略等。女性领导者要跳出小我，跳出自己的小团队，用大爱之心去看社会，看看自己的企业能为社会做什么样的贡献，能够帮助什么样的人群。无论我们做什么样的业务，生产什么样的产品，我们的目标是帮助人，帮助社会，为社会或者用户创造价值，这才是我们存在的意义。

如果一个领导者缺乏大爱之心，会出现什么样的情况呢？

常见的情况是领导者会为了利己而做出损害用户、损害社会的事。比如有的企业为了赚钱做出偷工减料、以次充好等无良行为。我们看到的假冒伪劣商品的背后大多是企业经营者缺乏大爱之心的表现。当领导者失去了"为他人带来价值"这一商业本质的发心，他所领导的企业一定走不远。

我在美国辉瑞公司工作时,我的直接领导 Ahmed Esen 先生是一位土耳其的知名领导者,他因为培养出了多名优秀的企业总经理而备受尊重。他向我坦言:"合规对于我来说是一条底线,因为我一旦触碰了这条线就违反了辉瑞公司的价值观,公司会立刻解雇我。"

无论我们在哪家公司工作,都要树立正确的商业价值观,以大爱之心经营业务、领导团队,只有这样,我们才能让自己与团队健康生存、健康成长。

大爱之心,可能会出现在我们做出的每一个决策中。比如做什么产品和不做什么产品;质量审核有问题的产品是否放行;是否录取一个能力很强但品行不好的人……这些决策的背后都是我们的心念在起作用。唯有不断修炼自己的内心,向善、真诚、敬天爱人,我们才能拥有爱的力量,以不变应万变,始终行走在正确的道路上。

我曾经在一家跨国制药公司担任药物安全委员会主席,当药品出现不同类型的安全问题时,需要我做出相应的决策。比如给医生提供药物使用注意事项信函,更新药品说

第4章
温暖慈悲，内心坚定

明书，或召回已在市场上流通的药品等。有一次，公司收到了一位病人的电话投诉，内容是他购买的一个抗生素药物的药瓶里出现了不明絮状物。公司的药物安全委员会立刻召开了紧急会议，查看了药品出厂时的质检报告以及国家药监局药检所的质检报告，并未发现问题。同时，我们也从医院取回了同一批号尚未使用的药瓶——的确，有几个药瓶里有微小的絮状物。经过公司药物专家、医学专家、药品质量专家的分析，认为这些絮状物可能与室内外温度变化有关，而非药品本身的质量问题。

在这种情况下，我要如何处理呢？如果召回药品，意味着公司要从全国所有的医院、供应商处收回药品，不但工作量巨大，还会因断货产生很大的经济损失。如果不召回药品，有可能这一批号的药瓶里面还会有絮状物，可能会给病人带来潜在的危害。面对公司利益与病人利益两难时，我要如何决策？

我的决策是召回药品。理由有二：一是我曾是一名神经内科医生，11年的工作经验告诉我给病人使用药物前一定要严格检查注射液是否清澈透明，无论药品是否有质量问题，只要出现异物或杂质就不能给病人使用，这是原则，也是底线；二是若把病人看成自己的家人，我们是不会在乎是否损失了买药的钱的，我们更愿意家人平安、无风险，生命远高于利益。

作为领导者，当我们在做决策时，以大爱之心作为发心，很多艰难的决策就变得简单很多。

4.3.2 用爱带团队

一家企业要有"敬天爱人"思想引导，一个员工也要有"敬天爱人"思想带领。作为领导者，我们需要心中有爱，用爱来关心他人、激励他人，以慈爱悲悯之心来接纳、包容他人。总结成一句话：用爱带团队。

一位能给予他人关爱的领导者，犹如太阳，能给周围的人带来光明和温暖。有两件事，让我深刻地体悟到这一点。

很多年前，我曾带着团队去云南开会，在机场办登机牌的时候，一位女员工突然发现她的身份证找不到了，很是慌乱。她的直接领导者发现这一情况后，开始责备她粗心，语言很是严厉，这使得她更加紧张。当然，这

第4章
温暖慈悲，内心坚定

位领导者的责备也不无道理，毕竟这是一个几十人的集体活动，如果她不能登机，在行程安排上会增加一系列的麻烦。

看到这一幕后，我走过去用温和的语气对这位员工说："别着急，把行李箱打开，我们一起帮你找一下。"她看到我没有批评她，精神也放松了许多，再次打开行李箱翻找，我和几位同事一起帮她查看，最后在行李箱中的一个侧兜里找到了身份证。

许多年后，她已经成长为一名优秀的资深员工。在我离开公司的欢送会上，她对我说起了这件事："Iris，您知道吗？当时您对我的包容对我影响特别大，让我感觉到了温暖，这也是我一直愿意在这家公司工作的原因之一。"

另外一件事发生在一天晚上。那天我正在家与公司美国总部的高层领导者开一个重要的电话会议，这时女儿从学校上完晚自习回来了，我看见她嘴上都是血，询问得知是骑自行车摔倒所致，由于电话会议正在进行中，我无法下线帮助女儿处理伤口，只能戴着耳机指导先生帮助女儿处理伤口。第二天早晨,我在办公室与总经理安高博先生聊到女儿带伤回家的插曲,并分享了自己作为妈妈没有及时帮助女儿处理伤口的歉疚感。安高博先生听完后说道:"Iris,以后遇到这种情况,你要立刻去照顾孩子,作为母亲这应该是最重要的。工作有很多人可以做,但孩子只有一个妈妈。"

安高博先生的话让我感到非常温暖,我很感恩遇到一位有爱心、懂得孩子心理与父母责任的好领导。安高博先生用自己的身体力行为我上了一堂"关爱员工"的课,也为我树立了一个优秀领导者的榜样。后来,当员工需要帮助和支持的时候,我都会给予帮助。让我感到欣慰的是,我的下属也会把我的这种有爱的行为在自己的团队里传承,让整个团队流动着爱和温暖的正能量。这种爱不但让团队的凝聚力更高,业绩也更出色。

作为领导者,我们只有爱员工,员工才会爱我们、爱公司、爱客户、爱社会。美国著名的管理学家托马斯·彼得斯曾说过一句话:"一边歧视和贬低你的员工,一边又期待他们去关心产量和不断提高产品质量,无异于白日做梦!"每个员工都需要企业给予他们关爱,只有在互

第4章
温暖慈悲，内心坚定

相关爱、共同奋斗的工作氛围里，双方的使用价值才会显示出来。相反，若企业内缺少关爱的工作氛围，那么，提高员工的工作热情、发挥他们的潜在能力就成了一句空话。

人与人之间的关系，大多是一个生命在影响着另一个生命，人与人之间的连接靠的是情感，是心与心的交流。如果没有爱，仅仅依赖管理手段和管理工具领导团队，大概率会出现事倍功半的状况——自己很累，团队业绩很差，团队一盘散沙。

这么多年以来，每当我给领导者上课时，永远会在最后跟大家说这样一段话："如果你记不住培训课堂教给你的管理技巧，没关系，你只要牢记一个字也能当个好领导，这个字就是'爱'！带着一颗饱含'爱'的心去做管理，爱你的兵，你的兵才会爱你。这是世界上最简单的道理。"

爱员工的方式有很多种，领导者可以在员工最需要关爱的时候表达自己的爱，特别是当员工情绪处于低潮时，也是最容易影响员工内心的时候。以下列举的是几个员工情绪低落的特定时期，女性领导者可以在这些时刻给予员工关爱：一是当员工生病时；二是当员工工作不顺心时；三是当员工出现人事变动时，比如刚入职或降职；四是当员工的家庭出现问题时，比如经济问题、亲属生病等。爱员工，从细节做起。我们和员工之间的情感交流是相互的，当我们从细微处关怀员工，以真挚的情感对待员工，而不是把员工当作没有感情需求的机器时，员工才会以真情回报，担负起做好工作的责任。

法国企业界有句名言："爱你的员工吧，他会百倍爱你的企业。"担任领导者其实是一个特别幸福的工作，因为我们既是爱的"给予者"，也是爱的"获得者"。被爱包围着的人，是幸福的人；被爱包围着的团队，是幸福的团队。

在这一章的尾声，我想说，大道至简，爱是一切力量的源泉，爱会点亮彼此的生命。因爱，人生由我，不由天；因爱，成功由我，不由天！

第4章
温暖慈悲，内心坚定

女性的成功之路，就是自己的修行之路

见自己，从认知自己开始，认清自己的优势和短板，接纳和升级自己。

见天地，尽好领导者之责，培养自如的领导能力，包括战略能力、沟通能力、培养人的能力和影响力等，心里装得下世界。

见众生，心怀感激，温暖慈悲，内心坚定，乐于助众人成功。

你可以在一个安静的夜晚，听着冥想的音乐，静静地思考，在修行的道路上，你走到了哪个阶段？接下来，你会做什么？

后　记

女性是渴望成功的。这本书我们读到这里，至少说明我们也是渴望成功的。现在的我身为企业高管教练和管理导师，很喜欢辅导女性领导者。每每在辅导女性领导者时，她们总是一脸真诚地回答我的提问，倾听我的分享，希望获得成功之道。在获得我分享的关于女性成功的道与术后，她们还会对接下来的改变和成长报以极大的热情，她们是如此渴望成功。

虽然女性都渴望成功，但女性想要突破内心的恐惧，活出自己定义的成功，是非常艰难的。在走向成功的道路上，作为女性的我们总会面临各方面的压力，尤其需要在心力上保持能量，才能坚定地走下去。那些或被动或主动地让自己的职场雄心沉睡的女性，有时会给自己本来可以张开的翅膀上了一道枷锁——我们既渴望成功，又害怕失败。

If you know you are going to fail, then fail gloriously.

后记

（如果你预感到了失败，那就优雅地败去。）这是奥斯卡影后凯特·布兰切特对自己的告诫。这句话非常好，当我们在迈向成功的道路上感觉害怕时，可以用这句话来激励自己。这个世界上从来没有任何必胜之法，也没有任何管理之道与术可以让我们拥有"包打天下"的本领，更没有一个人的人生可以与另一个人的人生完全重合。所以，我一直在这本书里鼓励大家活出属于自己的人生，找到属于自己的成功。

我们要知道，任何一种成功都需要付出代价，虽有阵痛，却是进阶、升级的必要过程。谁都希望像小王子的那朵玫瑰花一样，在呵护中远离俗世的尘埃，即便不用学习如何去爱，也能收获最无微不至的偏爱。可现实是残酷的，我们既要面对困难，又要勇于突破自己。尽管如此，我仍然祝福大家，在通往职场成功的道路上，既能保持心底的那份纯真，又能勇敢面对困难。

在柏拉图的"洞穴理论"隐喻中，一群因被束缚住手脚与脖颈而动弹不得的囚禁之人，背靠着一面高墙，一直生活在幽深莫测的洞穴之中，与世隔绝。高墙之后是熊熊燃烧的火把，火光会将墙后每日来往之人举着的物品的影子，投映在囚禁之人眼前的洞壁上。久而久之，囚禁之人认为那些来往的影子是真实的事物，甚至那些来往之人的交谈，也被囚禁之人误以为是影子在说话。因为囚禁之人一生所见除了被束缚住的同类，就是那些会发声的影子，所以他们并不知道那些跳动的影子是虚假的影像，他们甚至不会去质疑影像的真实性。在柏拉图看来，对这群囚禁之人而言，真正有效的引导不是向他们讲述影子的原理，而是将他们带到洞穴之外，让他们自己沐浴真理的阳光。

真理，就在洞穴之外，就在那捧阳光之下。我的这本书，愿意成为把女性带到洞穴之外的那捧阳光。

亲爱的姐妹，当你阅读至此，想必已经领悟了书中的所有秘密，我诚恳地期许它能让你明白女性的成功之道，给予你渴望许久的支持、理解与陪伴。愿这本书成为你人生的挚友，是你倦怠时的"强心剂"，也是你困顿时的"指路灯"。我同样也期待这本书成为帮助你获得成功的工具，如果我的这些期许都能实现，那么请你热情地将它分享出去，让它履行更多的使命。

最后，献上我的爱与感恩。